BÄRBEL OFTRING

PROJEKTBUCH
TIERFREUNDLICHER GARTEN

40 einfache Bau- und Pflanzkonzepte

blv

Inhalt

69 Projekte für Vögel

91 Projekte für Igel & Co.

109 Projekte für Wassertiere

Warum sollten Wildtiere im Garten willkommen sein?

Meisen, Rotschwänze, Eichhörnchen, Igel, Schmetterlinge und viele andere Tiere liegen den meisten Menschen am Herzen. Besonders in den Fokus ist das Fördern von Wildbienen gerückt – etwa durch das Bauen von Insektenhotels.

Dazu gesellt sich die Sehnsucht der Menschen nach Landlust, Heimat und dem Bedürfnis, raus in die Natur zu gehen. Doch: Den heimischen Vögeln, Kleinsäugern, Insekten und allen anderen heimischen Wildtieren geht es so schlecht wie noch nie. In Europa sind die Arten- und Individuenzahlen in den letzten 30 Jahren um 20 Prozent zurückgegangen, darunter auch die solcher Allerweltsarten wie Spatzen oder Stare (Ecology Letters 2014). Die Vogelwarte Radolfzell hat bei den Vögeln Deutschlands einen Verlust an Individuen von 60–80 Prozent seit 1850 festgestellt – alarmierend!

Natürlich liegen die Gründe dafür vor allem in der Industrialisierung der Landwirtschaft, die immerhin 52 Prozent der deutschen Fläche ausmacht. Aber Natur macht vor den Toren der Gärten keinen Halt – dort könnten viele Wildtiere inselartige Tierparadiese vorfinden, wenn, ja wenn es dort tierparadiesisch wäre. Doch die Realität sieht leider oft anders aus, wie ein Blick in die unzähligen trostlosen Gärten mit Monokultur-Rasenflächen, armselig beschnittenen Büschen und sterilen Blumen verrät – Hauptsache, ordentlich ist es. Ein weiteres Beispiel: Ein Bekannter jammert beim Spaziergang über Feld und Wiese, dass es gar keine Insekten mehr gibt, um dann zu Hause im eigenen Garten auf den Beeten der Ordnung wegen das Herbizid Roundup zu versprühen … schizophren nennen Psychologen solches Verhalten. Verlorener Bezug zu dem, was unsere Natur als Teil unserer Heimat ist – so nenne ich das. Wir haben uns schon so daran gewöhnt, dass es kaum noch Wildtiere gibt, dass uns die Armut gar nicht mehr auffällt. Weil die Politik andere Interessen als die von Natur und Umwelt vertritt, ist es Zeit, dass jeder Mensch selbst aktiv wird, um diesen erbärmlichen Zustand von Heimatverlust aufzuhalten – und zwar dort, wo er nach eigenem Gusto walten und schalten kann, im eigenen Garten: Schaffen Sie dort ein kleines Naturparadies, auf dass die heimischen Wildtiere bei Ihnen eine Insel finden – und wenn dann rundherum immer mehr solche Garteninseln entstehen, haben Sie schon viel getan. Zahlreiche Ideen dafür, was Sie tun können, bekommen Sie in diesem Buch.

OBEN: Auch bei uns ist die Natur nicht in Ordnung – im Garten können Sie aber viel mehr für die Natur tun.

MEIN TIPP

Gehen Sie rund um Ihr Zuhause so viel wie möglich raus. Lernen Sie die heimischen Lebensräume kennen, die Pflanzen und Tiere Ihrer Heimat. Vertiefen Sie sich auch in Fotos und Berichte, aus denen Sie erfahren, wie es rund um Ihren Wohnort vor 50, 100, 150 Jahren ausgesehen hat. Lassen Sie sich davon inspirieren und schaffen Sie solche Kleinbiotope in Ihrem Garten.

Mehr Natur im Garten

Reichhaltiges Tier- und Pflanzenleben stellt sich im Garten ein, wenn Sie darin eine Vielfalt an Strukturen, Lebensräumen und Refugien schaffen. Was Sie dazu tun können, erfahren Sie in diesem Kapitel.

Lebensräume im Garten schaffen

Ein reichhaltiges Tier- und Pflanzenleben stellt sich von selbst ein, wenn Sie im Garten eine Vielfalt von Kleinlebensräumen anlegen – das ist machbar. Lassen Sie sich inspirieren von dieser 10-Punkte-Checkliste.

1 Hausbaum: Mindestens ein Laub- oder Obstbaum gehört in den Garten; für kleine Gärten eignen sich Wildapfel, Wildbirne, Vogelbeere, Vogelkirsche, Feld-Ahorn.

2 Wildstrauchhecke: Traubenkirsche, Rote Heckenkirsche, Schwarzer Holunder, Pfaffenhütchen und Gemeiner Schneeball bieten den Fruchtfressern unter den Vögeln reichlich Nahrung im Winter.

3 Wildstaudenrabatte und Blumenwiese: locken Myriaden von Insekten an, die wiederum eine Vielzahl an insektenfressenden Vögeln (und nachts Fledermäusen) anziehen.

4 Hausbegrünung (mit Efeu): Nistplätze für Vögel, Lebensraum für Insekten und andere Kleintiere.

5 Reisig-, Geäst- und Totholzhaufen, Wurzelstöcke: Insektenparadiese par excellence!

6 Laubhaufen: bleiben über den Winter unter Büschen liegen, dienen Igeln und vielen Kleintieren als geschützter Überwinterungsort; darin können Sie auch eine Igelhöhle platzieren (gekauft oder selbst gebaut, Größe 30 × 30 cm mit 10 × 10 cm großen Zugängen, mit Laub oder Stroh polstern).

7 Lesesteinhaufen: mindestens 1 m² Fläche und vor Verrutschen oder Einsturz gesichert; zudem sollten keine scharfen Kanten nach innen ragen; dient auf der sonnigen Seite Insekten und Kriechtieren als Jagdrevier, Ruhe- und Aufwärmplatz.

8 Trocken-Natursteinmauer: In den zahlreichen Lücken finden Eidechsen Verstecke, zudem verschiedene Kleintiere; am Mauerfuß, auf der Krone und in den Ritzen wachsende Kräuter locken Bestäuber (Schmetterlinge, Bienen, Fliegen etc.) an.

9 Wassermulden oder Gartenteich: Biotop für verschiedene Wassertiere und Wasserpflanzen, am flachen Ufer Tränke und Badestelle für Vögel.

10 Alte Dachziegel auf dem Erdboden geschichtet: Die geschützten Gänge nutzen verschiedene Amphibien, in den Hohlräumen finden Blindschleichen und andere Tiere Schutz und Unterkunft.

OBEN: Rotkehlchen (links) finden reichlich Insektennahrung rund um Trockenmauer und Blumenwiese.

MEIN TIPP

Im kleinen Garten haben oftmals nur wenige verschiedene Kleinbiotope Platz. Sprechen Sie sich doch dann einfach mit Ihren Nachbarn ab. So kann die Wildstrauchhecke als gemeinsamer »Gartenzaun« auf der Grenze gepflanzt und Gartenteich oder Blumenwiese auf beiden Grundstücken angelegt werden.

Pflanzen – richtig gewählt!

Pflanzen sind mehr als nur geschützte Aufenthaltsplätze für Tiere – weil sie ihnen auch als Baumaterial und ihre Blätter, Blüten, Früchte und Samen als Nahrung dienen, spielt die richtige Pflanzenwahl eine große Rolle!

Tiere sehen Pflanzen mit anderen Augen: Was für uns »nur« attraktive Blüten sind, sind für Schmetterlinge, Bienen, Grünfink und Co. wichtige Nahrungslieferanten. Dort finden diese Tiere Nektar, Pollen, Samen und Früchte. Menschen, denen es nur um die Blütenoptik, aber nicht um deren Funktion in der Natur geht, haben des schöneren Aussehens wegen aus den wilden Arten eine große Vielfalt an Sorten gezüchtet – viele sind steril, d. h. sie produzieren keinen Pollen, Nektar, Samen, Früchte. Wenn dann auch noch die Blätter nicht schmecken oder den Tieren unbekannt sind (weil die Pflanzen aus anderen Teilen der Erde kommen), sieht die Pflanze für den Menschen zwar super aus, für die heimische Tierwelt ist sie aber nutzlos. Und: Sie nimmt den vogel- und insektenfreundlichen Pflanzen auch noch Platz im Garten weg. Doch: Reißen Sie nun nicht alle »wildtierunfreundlichen« Pflanzen aus Ihrem Garten, sondern ersetzen Sie sie nach und nach durch tierfreundliche.

Dazu zwei Beispiele: Auf die Früchte des Tatarischen oder Weißen Hartriegels *(Cornus alba,* Heimat Nordasien) stehen nur drei Vogelarten – auf die des heimischen Blutroten Hartriegels *(Cornus sanguinea)* hingegen 24 verschiedenen Vogelarten! Der beliebte Sommerflieder *(Buddleja,* Heimat Westchina) ist zwar bis in den Herbst eine Nektarquelle für Falter, aber von Samen, Früchten, schmackhaften Blättern oder Nistplatz keine Spur – die wenig beliebte Brennnessel hingegen gehört zu den wichtigsten Schmetterlingsraupen Nahrungspflanzen bei uns!

Checkliste Pflanzenauswahl

1 Verzichten Sie auf hochgezüchtete Pflanzen mit sterilen Blüten ohne Pollen, Nektar und Samen sowie auf »exotische« Arten, die Fremdkörper in unserer Natur sind.

2 Achten Sie darauf, dass es in Ihrem Garten vom Spätwinter bis zu den ersten Herbstfrösten stets genügend Nahrung gibt für Bienen, Schmetterlinge und andere Insekten. So finden auch noch andere Wildtiere immer etwas zu futtern.

OBEN: Mit jeder neuen heimischen Pflanze wie Blutroter Hartriegel und Hundsrose bieten Sie zehn neuen Wildtierarten eine Heimat in Ihrem Garten.

MEIN TIPP

Wählen Sie heimische Pflanzen mit fruchtbaren Blüten, die Nektar, Pollen, Samen und Früchte bieten. Machen Sie dazu Spaziergänge in der Natur rund um Ihren Wohnort und erkunden Sie, was bei Ihnen so alles heimisch ist. So bekommt Ihr Garten Bezug zu der Landschaft und Umgebung, in der er liegt.

Tierfreundlich rund ums Jahr

Neben einer großen Vielfalt an Kleinbiotopen und den richtigen Pflanzen können Sie auch durch die Art und Weise, wie Sie Ihren Garten pflegen, viel Gutes tun und heimischen Wildtieren eine dauerhafte Bleibe schaffen.

Schon heute können Sie damit beginnen, aus Ihrem Garten ein Naturparadies zu schaffen. Dazu entsorgen Sie alle Herbizide (z.B. Roundup), Insektizide und chemischen Pflanzenschutzmittel – wenn es etwas Unerwünschtes im Garten gibt, setzen Sie nur auf mechanische Maßnahmen. Vorbeugen und Abschrecken sind die Mittel der Wahl, nicht Vernichtung. Verzichten Sie auch auf den Einsatz von Blaukorn und anderen mineralischen Düngern, denn diese zerstören aufgrund ihrer hohen Aktivität das vielfältige Bodenleben, das den Boden gesund erhält. Stattdessen sorgen Sie gut für den Boden, etwa durch das Ausbringen von Kompost oder durch Aussaat von Gründüngungspflanzen wie Phazelie. Wie im menschlichen Körper der Darm, so ist im Garten der Boden das A und O für Gesundheit.

Ein Garten ist auch kein steriler OP-Saal – darum darf ein bisschen »Unordnung« sein. Räumen Sie nicht alles gleich auf: Die gemähte Blumenwiese bleibt liegen, damit die Blumen aussamen und die darin lebenden Insekten in andere Gartenteile auswandern können. Die Büsche und Hecken werden mit Rücksicht auf die brütenden Vögel vor oder nach der Brutzeit geschnitten. Wenn Sie bei Liguster-, Berberitzen- oder andere Wildfrüchte tragenden Hecken in jedem Jahr nur eine Seite schneiden, bilden sich auf der anderen Blüten und Früchte. Lassen Sie die abgeblühten Stauden über den Winter stehen – sie schützen den Boden vor Wind und Kälte und bieten Kleintieren bis ins Frühjahr hinein wichtige Überwinterungsverstecke. Das Falllaub bleibt auf den Beeten, unter den Büschen und Bäumen liegen, dorthin schaffen Sie auch das auf den Rasen oder in den Gartenteich gefallene Laub. Reisig und Totholz schichten Sie auf und schaffen Igeln, Kröten, Mauswieseln und anderen Tiere einen wertvollen Lebensraum.

OBEN: Tierfreundliche Gärten sind nicht nur für Tiere ein Paradies, sondern auch für Menschen: Dort gibt es so viel zu entdecken und zu beobachten, eine Wohltat in unserer konsumorientierten Welt.

MEIN TIPP

Gewöhnen Sie sich meditatives Arbeiten an, auch und gerade im Garten: Dabei widmen Sie sich ganz und mit innerer Größe und Verbundenheit dem, was Sie gerade tun – und sei es nur eine Kleinigkeit.

Projekt: Naturbelassener Holzbretterzaun

Ein naturbelassener Holzbretterzaun erfüllt viele Zwecke: Er grenzt das Grundstück rundherum ab, ist aber durchlässig genug für Vögel, Igel und Co. und liefert zudem Hornissen geeignetes Baumaterial für ihr Papiernest. Sie können einen gekauften Rollzaun aufstellen oder den Staketenzaun selbst machen.

1 Messen Sie zuerst die Länge ab, die der Zaun einnehmen soll.

2 Berechnen Sie dann die Anzahl der benötigten Pfosten, die in einem Abstand von 2–2,5 m stehen sollen. Denken Sie auch an den zusätzlichen ersten Pfosten und gegebenenfalls an die Stabilität erhöhenden Schrägstreben!

3 An den markierten Stellen graben Sie je ein ca. 50 cm tiefes Loch für die Pfosten, einfacher geht dies mit dem Erdbohrer.

4 Setzen Sie nun einen Pfosten in das erste Loch. Während ein Helfer auf den senkrechten Sitz des Pfostens achtet, füllen Sie das Loch schichtweise mit dem Erdaushub auf. Nach jeder Schicht wird das Material mit Fäustel oder Balkenstück verdichtet. Bei sehr sandigen, nicht bindigen Böden verwenden Sie besser Schotter.

5 Wenn alle Pfosten stehen, schrauben Sie außen die unteren und oberen Querlatten an die Pfosten. Die Stabilität erhöht sich, wenn die Querlatten mindestens über zwei Zaunfelder reichen und die Stöße an den Pfosten stets versetzt sind.

6 Steht das Grundgerüst, werden nun im gleichmäßigen Abstand die Staketen außen an die Querlatten geschraubt – das Verschrauben erfolgt zweckmäßigerweise von innen durch vorgebohrte Löcher.

Damit der Igel ungehindert auch in Ihrem Garten jagen kann, achten Sie auf ausreichend große Durchlässe von etwa 15 × 15 cm.

MEIN TIPP

Der Holzzaun ist eine herrliche Kulisse für jede Menge Bienenblumen, siehe Seite 41, 43, 45, 51, 53, 65 und 67.

Material

- Stützpfosten (verwenden Sie resistente Hölzer aus Robinie, Edelkastanie oder Akazie, verzichten Sie auf die handelsüblichen kesseldruckimprägnierten schwermetallhaltigen Hölzer)
- Querlatten
- Staketen

Werkzeuge

- Spaten oder Erdbohrer

Projekt: Benjeshecke

Für ein großes Grundstück eignet sich eine naturnahe Benjeshecke, benannt nach Hermann Benjes. In dieser Hecke siedeln sich nach und nach heimische Pflanzen an. Vögel finden darin hervorragende Brutplätze, Kleinsäuger, Amphibien, Reptilien, Insekten und andere Kleintiere das ganze Jahr über ideale Verstecke.

Die Benjeshecke ist eine kostengünstige Hecke, da sich darin durch vom Wind und von Vögeln eingetragene Samen heimische Wildsträucher ansiedeln. Durch den Aufbau mit Gehölzschnitt, der sich im Lauf der Jahre zersetzt und verschwindet, fungiert die Benjeshecke von Beginn an ökologisch als Hecke: Lebensraum, Windbrecher, Luftfilter, Lärmminderer.

1 Standort wählen: Um tatsächlich einen guten Lebensraum zu geben, darf die Benjeshecke nicht zu klein sein – 4 m Länge sind das Mindestmaß. Bedenken Sie auch, dass die Hecke 2–4 m breit und etwa 1 m hoch wird. Halten Sie darum zu Nachbargrundstücken denselben gesetzlich vorgeschriebenen Abstand ein wie bei Hecken- und Strauchpflanzungen.

2 Gehölzschnitt schichten: Mischen Sie dünne und dicke Äste, Zweige und Reisig. Dann schieben Sie das gut gemischte Material ineinander und schichten es gleichmäßig locker bis zu einer Höhe von etwa 1 m auf. Achten Sie darauf, dass die Schichtung nicht zu dicht wird. Es muss Luft und Licht zwischen die Äste und auf den Boden gelangen. Nur so bietet die Hecke den Tieren Unterschlupf und nur so können schon im ersten Frühjahr die eingetragenen Samen (Wildkräuter, Wildsträucher) keimen und heranwachsen.

3 Um das Wachstum von Pflanzen zu beschleunigen, können Sie Wildfrüchte und Samen heimischer Pflanzen in die Hecke streuen, Wildstrauchstecklinge pflanzen oder Sonnenblumen einsäen (siehe Projekt Seite 83, 85).

Machen Sie sich keine Sorgen über Brennnesseln: Sie halten sich an manchen Stellen mehrere Jahre und bereiten den Boden für die Wildsträucher vor, die dort dann Fuß fassen.

MEIN TIPP

Wenn Sie selbst nicht genügend Gehölzschnitt haben, erkundigen Sie sich bei Nachbarn, beim Förster, bei Straßenmeistereien oder öffentlichen Häckselplätzen nach Material.
Manche Sträucher wie Brombeere oder Schlehe oder auch Bäume wie Birke, Sal-Weide, Esche und Berg-Ahorn neigen dazu, dominant zu werden. Diese Pflanzen halten Sie zurück, indem Sie sie regelmäßig auf den Stock zurückschneiden.

Material

- Gehölzschnitt von Laubbäumen und -sträuchern (kein Nadelholz)
- Arbeitshandschuhe

Bauzeit

- Im Winterhalbjahr, am besten nach Rückschnitt von Bäumen und Sträuchern

Projekt: Kompostplatz

Ein Muss! Der Kompost ist Teil des natürlichen Stoffkreislaufs: Alle Pflanzenreste fließen als wertvolle Komposterde wieder in den Garten zurück. Gleichzeitig ist der Komposthaufen ein Nahrungsparadies für Igel, Vögel und andere Tiere, die sich von den darin lebenden Kleintieren – Regenwürmern, Springschwänzen etc. – ernähren.

1 Wählen Sie für den Kompostplatz ein möglichst halbschattiges Plätzchen mit genügend wasserdurchlässigem Boden aus.

2 Schlagen Sie in der Mitte des Kompostplatzes einen kleinen Holzpfahl in den Boden ein. Tragen Sie nun mittels einer daran befestigten, 60–75 cm langen Schnur den gewünschten Kreisumfang auf den Boden. Markieren Sie ihn mit Sägemehl oder Sand. Bohren Sie nun auf diesem Kreis mit einer Eisenstange etwa 20 cm tiefe Löcher mit einem Abstand von 30–40 cm in den Boden. Stecken Sie in jedes Loch eine Weidenrute.

3 Bringen Sie nun bis in eine Höhe von ca. 1 m ein waagerechtes Weidengeflecht an. Statt dem Weidenkorpus können Sie auch ein einfaches Holzgerüst direkt auf den Erdboden stellen. Direkter Bodenkontakt ist wichtig, denn nur so können Mikroorganismen, Regenwürmer und andere Bodentiere in den Kompost einwandern.

4 Füllen Sie nun zunächst grobe Äste und Zweige ein, auf die Sie zwei Handvoll Kompost oder Gartenerde verteilen.

5 Geben Sie darauf die gemischten Pflanzenreste und pflanzlichen Küchenabfälle, die Sie alle Handbreit mit zwei Handvoll Kompost oder Gartenerde abdecken. Locker schichten ist wichtig, damit genügend Luft in den Komposthaufen gelangt und die Pflanzenmasse nicht zu faulen beginnt.

6 Ist der Haufen 1–1,5 m hoch, so decken Sie ihn mit Erde ab. Nun ruht der Kompost 10 Monate lang. Danach wird er gesiebt – die feine Komposterde können Sie ausbringen, die groben Teile kommen nochmals auf den Kompost.

MEIN TIPP

Düngen Sie Gemüse- und Staudenbeete, Baumscheiben und Rasenflächen einmal im Jahr mit höchstens 3 Liter Kompost auf den Quadratmeter Boden, das reicht vollkommen! Durch das Düngen mit Kompost steigt von Jahr zu Jahr der Humusgehalt im Boden, der wichtig für ein gesundes Bodenleben ist.

Material

- 7–14 rund 2,5 m lange und 2–4 cm starke Weidenruten
- einjährige Weidenruten für das Geflecht

Projekt: Steine ganz wild

Ein Rückzugsrefugium für Eidechsen, Kröten, Insekten und andere Kleintiere muss gar nicht so wild aussehen, sondern lässt sich attraktiv gestalten. Ökologische Funktionen als Verstecke und Ruheplätze nehmen die aufgehäuften Steine, toten Hölzer und Falllaub sowieso wahr – wichtig: liegen lassen!

1 Standort wählen: Mindestens ein Teil des Steinhaufens sollte direkt in der Sonne liegen, damit sich die Steine für die wärmeliebenden Bewohner aufwärmen. Günstig ist die Nähe anderer Biotope wie Gartenteich, Holzhaufen, Hecke oder dichte Vegetation. So findet ein regelrechter Austausch der Tiere zwischen diesen Aufenthaltsorten statt, die sich dort ansiedeln und auch vermehren.

2 Planen Sie für den Steinhaufen eine Größe von ca. 2–3 Quadratmetern und eine Höhe im Zentrum von bis zu 1 m.

3 Schichten Sie zunächst in der Mitte des Steinhaufens zur Stabilisierung einige Hohlblocksteine, Ziegel oder Steinplatten. So bleiben Hohlräume dauerhaft erhalten.

4 Schichten Sie dann um und auf diese Zentrumsteine Natursteine locker auf. Gerade dieses entstehende Lückensystem ist wichtig für die tierischen Bewohner. In den Hohlräumen halten sich Eidechsen, Blindschleichen, Spitzmäuse, Mauswiesel, Erdkröten, Käfer und andere Kleintiere das ganze Jahr über auf; darin kommen sie geschützt durch Sommer und Winter. Die nachtaktiven Tiere verbringen dort auch den Tag. Stecken Sie die Steine nicht in den Boden, legen Sie sie stets auf die breiteste Seite.

5 Türmen Sie dann die flachen Steine dekorativ zu einem stabilen Steinturm auf.

6 Lassen Sie den Steinhaufen dauerhaft liegen.

7 Sorgen Sie für sandige Bodenstellen am Fuß des Steinhaufens, der als Eiablageplatz genutzt wird. Errichten Sie noch weitere Refugien in der Nähe – Totholz- oder Reisighaufen, Baumstubben (toter alter Baumstamm), Gartenteich oder eine unverfugte Trockenmauer.

MEIN TIPP

Hauskatzen jagen – das ist leider so. Da sie bei uns der größte Feind der Eidechsen sind, sollten Sie dürre Äste rund um den Steinhaufen auslegen. Sie rascheln, wenn sich eine Katze einschleicht – und die Eidechsen können fliehen.

Material

- ein paar Hohlblocksteine, Ziegel oder Steinplatten
- Natursteine (aus der Region und solche, die in anderen Gartenbereichen stören)
- 10–20 flache Steine

Unten: Blindschleichen sonnen sich tagsüber auf warmen Stellen.

Projekt: Naturnaher Bodenbelag

Auf Gartenwegen, Terrassen, Sitzplätzen, Einfahrten und anderen Flächen werden die Pflastersteine und Platten grobfugig in Sand verlegt. Auf diesen nicht versiegelten Flächen kann das Regenwasser versickern – und Pflanzen und Tiere können in die sandigen Fugen einziehen.

1 Entscheidend ist der richtige Unterbau! Bringen Sie auf der spatentief ausgehobenen Fläche Schotter aus und rütteln Sie ihn mit dem Flächenrüttler eben ab.

2 Bringen Sie auf dem Schotter eine ca. 4 cm hohe Sandschicht aus. Damit das spätere Pflaster eben liegt, müssen Sie den Sand eben und exakt auf dem richtigen Niveau abziehen. Dazu zeichnen Sie an den Eckpunkten das richtige Höhenmaß an (evtl. Schlauchwaage und Maurerschnüre benutzen), von dem aus Sie das richtige Sandniveau ermitteln: Endhöhe minus Pflastersteinhöhe plus 1 cm. Beispiel: Bei einem 8 cm hohen Pflasterstein liegt das Sandniveau 7 cm unterhalb der Endhöhe.

3 Ziehen Sie ein Stück des Sandbetts mithilfe von langen Kanthölzern/Metallstangen so ab, dass eine ebene Fläche entsteht.

4 Jetzt können Sie auf der so vorbereiteten Fläche das Pflaster auslegen: Setzen Sie die Pflastersteine möglichst gerade auf den sauber abgezogenen Sand und drücken Sie sie leicht an. Sie ragen 1 cm über die Endhöhe hinaus.

5 Ist die vorbereitete Sandfläche gepflastert, bereiten Sie die nächste Sandfläche vor und pflastern diese – das machen Sie so lange, bis die ganze Fläche gepflastert ist.

6 Nun verteilen Sie genügend Sand über die Pflastersteine und verteilen ihn mit dem Besen.

7 Dann verdichten Sie die Pflastersteine mit dem Flächenrüttler: Dabei kehren Sie regelmäßig Sand darüber, bis die Fugen gefüllt sind. Nun liegen die Pflastersteine auf dem richtigen Niveau.

MEIN TIPP

Arbeiten Sie vor allem beim Unterbau – Schotter und Sand – sorgfältig! Unebenheiten, Gefälle und Ähnliches lassen sich beim Pflastern nicht mehr korrigieren. Arbeiten Sie beim Verlegen der Pflastersteine stets vom Rand oder von bereits gepflasterten Flächen aus. Vermeiden Sie punktuelle Belastungen der verlegten Pflastersteine. Kehren Sie regelmäßig Sand über die Fläche, da sich der Sand in den Fugen absetzt.

Material

- Sand
- ausreichend Pflastersteine oder Steinplatten

Besonderes

- Flächenrüttler (gibt's im Baumarkt zu leihen)

Projekt: Blumen für grüne Fugen

Leider gibt es immer noch die unsägliche Praxis, auf den Wegen und Flächen den Pflanzenbewuchs aus den Fugen zwischen den Steinen zu kratzen. Hören Sie auf damit – und pflanzen Sie stattdessen bewusst attraktives Bunt in die schmalen Ritzen.

1 Wenn Sie eine Fläche frisch pflastern (siehe Seite 25), haben Sie es am einfachsten: Mischen Sie die gewünschten Blumensamen in feinkrümelige Muttererde.

2 Kehren Sie dann anstelle von Sand diese Muttererden-Samen-Mischung in das frisch verlegte Pflaster, sodass es den Raum zwischen den Pflastersteinen füllt.

3 Gut gießen.

Um bestehende Fugen zu bepflanzen, gehen Sie so vor:

- Streuen Sie die Samen auf die Fugen und kehren Sie diese mit Sand oder Gartenerde in die Fugen ein.
- Sind die Fugen schon dicht mit Sand, Erde oder anderem gefüllt, so müssen Sie zunächst die Fugen etwa 1 cm tief freilegen. In diese Lücken wird dann gepflanzt und mit Gartenerde aufgefüllt. Gut angießen.

Nicht vergessen: Bei Trockenheit regelmäßig gießen! Sie können die Pflanzen auch durch Schnitt kurz halten, z. B. indem Sie mit dem Rasenmäher drüber mähen.

Diese Pflanzen eignen sich für Fugen: Frauenmantel *(Alchemilla)*, Katzenpfötchen *(Antennaria)*, Akelei *(Aquilegia)*, Römische Kamille *(Chamaemelum nobile)*, Zimbelkraut *(Cymbalaria muralis)*, Schafschwingel *(Festuca ovina)*, Vogelknöterich *(Polygonum aviculare)*, Gelber Lerchensporn *(Pseudofumaria lutea)*, Mauerpfeffer *(Sedum sexangulare)*, Edel-Gamander *(Teucrium chamaedrys)*, Thymian *(Thymus,* viele Sorten, duftend!), für feuchte Stellen Sternmoos *(Sagina subulata)*. Probieren Sie auch mal kleine Zwiebelpflanzen wie Winterlinge, Krokus, Hasenglöckchen, Blaustern.

MEIN TIPP

Günstig zum Bepflanzen sind breitere Fugen (2–5 cm breit) zwischen Steinen und Platten. Sie können am Rand von Terrasse, Hof und Sitzplatz auch einzelne Platten herausnehmen und die Kleinflächen bepflanzen, an einer Wand auch mit einer Kletterpflanze.

Material

- Pflanzensamen
- Oder gut durchwurzelte Jungpflanzen (z. B. in Anzuchtplatten)

Unten: Thymian säumt die Natursteinplatten auf diesem Gartenweg.

Projekt: Licht im Naturgarten

In der Nacht ist es draußen dunkel! Daher sind Wege, Treppen, Zufahrten und andere Plätze rund ums Haus und im Garten nur aus Sicherheitsgründen beleuchtet – und auch nur dann, wenn es gebraucht wird. Ein paar Gedanken zum richtigen Umgang mit Licht.

1 Standort wählen: Machen Sie bei Dunkelheit mit einer Taschenlampe ausgerüstet einen Spaziergang rund um Ihr Haus. Achten Sie darauf: Wo benötigen Sie Licht, um sicher die Wege und Treppen zu begehen? Wo befinden sich Lichtquellen, die eigentlich unnütz sind und nur dekorativen Charakter haben?

2 Mit diesen Informationen statten Sie nun Ihr Grundstück mit naturfreundlichen Lichtquellen aus.

3 Lassen Sie von einem Elektriker an allen sicherheitsrelevanten Stellen eine Leuchte (siehe Material) installieren. Sie brennt nicht automatisch von Beginn bis Ende der Dunkelheit, sondern wird über Bewegungsmelder (wählen Sie bewusst geeignete Stellen für deren Anbringung aus) oder manuelle Schalter (Taster mit Relaisschaltung) gesteuert. Achten Sie darauf, dass der Lichtkegel schmal und nur von oben nach unten gerichtet ist. Verzichten Sie auf Kugelleuchten oder Bodeneinbaustrahler, die rundherum die ganze Umgebung beleuchten, auf Standardleuchten mit breitem, halbkreisförmigem Lichtkegel sowie auf alle Leuchten mit Streulicht.

4 Auf Terrassen oder anderen Plätzen, die längere Zeit ausreichend hell beleuchtet werden müssen, verwenden Sie Energiesparlampen mit langwelligem, gelblichem Licht oder Leuchtstoffröhren im Farbton »warm white«.

5 Montieren Sie die Lampen überall im Außenbereich so niedrig wie möglich.

MEIN TIPP

Verzichten Sie darauf, Bäume, Büsche, Wände oder Gebäudeteile nachts aus optischen Gründen künstlich zu beleuchten. Künstliche Lichtquellen leiten Zugvögel in die Irre, locken Insekten und Nachttiere in tödliche Fallen und stören Tagtiere bei der notwendigen nächtlichen Ruhe.

Material

- energieeffiziente, geschlossene »Full-Cut-Off«-LED-Leuchten mit warmem Weiß- oder Gelblicht und schmalem, nach unten gerichtetem Lichtkegel
- Bewegungsmelder

①
②
③
④
⑤
⑥
⑧
⑨
⑩

Wildpflanzen für mehr Natur im Garten

① Brennnessel

Dieses anspruchslose Wildkraut ist eine der wichtigsten krautigen Futterpflanze für Schmetterlingsraupen. Die Blätter, im März und April mit Handschuhen gesammelt, liefern gesunde Wildsalate, Gemüse und Tee – aus dem Kraut erzeugen Sie bodenaktivierende, pflanzenstärkende Jauchen. Um die Ausbreitung zu kontrollieren, halten Sie Brennnesseln am besten im versenkten Kübel.

② Christrose *(Helleborus)*

Die schon im Spätwinter blühenden Christrosen bieten früh fliegenden Insekten wie Hummeln eine gute Pollen- und Nektarquelle. In den hängenden Blüten finden diese Insekten auch schützende Unterstände bei Kalt- oder Regenwettereinbrüchen.

③ Eberesche (Vogelbeere)

Das auch Vogelbeere genannte, bis zu 15 m hohe Gehölz mit der lockeren Krone ist ein idealer Hausbaum. Die weißen Blüten sind im Frühjahr eine Insektenweide, die orangen Früchte liefern Vögeln nach den ersten Frösten energiereiche Winterkost. Salzunempfindlich!

④ Efeu

Ein Muss für den Wildtierfreund. Der an (intakten) Wänden emporkletternde Efeu bietet Vögeln und anderen Tieren ideale Lebensräume zum Brüten, Verstecken und Ruhen; seine Blätter sind Nahrung verschiedener Nachtfalterraupen; Bienen, Wespen, Fliegen, Schmetterlinge und andere besuchen die pollen- und nektarreichen Blüten, die Früchte sind wichtige Winterkost.

⑤ Glockenblumen *(Campanula)*

Diese hübschen, oft nickenden Blumen liefern Insekten reichlich Nahrung und ein schützendes Dach bei Regenwetter, verschiedene Schmetterlingsraupen ernähren sich von den Blättern. Wählen Sie heimische Glockenblumenarten wie z. B. die Breitblättrige Glockenblume *(C. latifolia)*, die Knäuel-Glockenblume *(C. glomerata)* und andere.

⑥ Schwarzer Holunder

Dieser heimische Strauch gehört in jeden Garten. Die weißen Schirmblüten sind eine Insektenweide und ergeben, bei trockenem Wetter gepflückt, Gelee, Sirup und Küchlein. Die schwarzroten beerenartigen Steinfrüchte stehen bei Mönchsgrasmücken und anderen Vögeln auf dem Speisezettel, gekocht ergeben sie Saft und Gelee.

⑦ Behaarte Karde *(Dipsacus)*

(ohne Bild)

Diese dekorative Wildpflanze bietet nicht nur langrüsseligen Hummeln und Schmetterlingen (auch Widderchen) nektarreiche Blüten, sondern Stieglitzen und anderen Sämereienfresser unter den Vögeln kostbare Herbst- und Winternahrung. Lassen Sie die abgeblühten Stängel über den Winter stehen.

⑧ Königskerze

Bienen, Schwebfliegen und viele andere Insekten besuchen die über 200 gelben Einzelblüten der Königskerzen, die sich nacheinander von unten nach oben öffnen. Von den Blättern ernähren sich Käferlarven, Schmetterlingsraupen und andere Tiere. Königskerzen säen sich an sonnig-steinigen Plätzen zuverlässig aus.

⑨ Natternkopf

Dieses heimische Raublattgewächs ist ein Insektenmagnet. Bienen, Schmetterlinge und andere Insekten besuchen die blauen Blüten, etliche Nachtfalterraupen vollziehen ihre Entwicklung auf den Blättern. Schön vor einer Trockenmauer oder zwischen Steinen.

⑩ Wacholder *(Juniperus communis)*

Der robuste Nadelstrauch ist das ganze Jahr über grün – dies kommt frühbrütenden Vögeln wie Grünfinken zugute. Zudem sind die beerenartigen Zapfen (»Wacholderbeeren«) beliebte Vogelnahrung. Verzichten Sie darum auf Thuja und Co. und setzen Sie stattdessen diesen heimischen Gewöhnlichen Wacholder.

Projekte für Insekten & Co.

Kaum eine Tiergruppe ist so bedeutend im vernetzten Leben wie die Insekten. Ohne sie gäbe es kaum Vögel, Kriechtiere, Amphibien und auch auf Äpfel, Kirschen und Honig müssten wir verzichten. Darum schaffen Sie für die Insekten eine paradiesische Heimat in Ihrem Garten.

Ein Garten für Insekten

Die allermeisten Wildtiere im Garten sind Insekten. Diese Sechsbeiner sind enorm wichtig – als Blütenbestäuber, als Samentransporteure, als Nahrung für Vögel, Eidechsen und viele andere Tiere. Insekten sind Ihre Partner beim Gärtnern. Richten Sie deshalb verschiedene Kleinstrukturen im Garten ein.

Neueste Naturberichte alarmieren: In den letzten 50 Jahren wurden die Insekten um etwa ein Drittel dezimiert – und zwar sowohl die Artenanzahl als auch die Zahl der Individuen betreffend. Natürlich liegt der Hauptgrund in der Industrialisierung der Landwirtschaft (die über 50 Prozent der deutschen Fläche einnimmt), aber kein Grund, sich im eigenen Garten zurückzulehnen. Oberstes Gebot: alle Insektizide verbannen und heimisches pflanzen.

Für Bienen, Hummeln, Wespen und Käfer

- Pflanzen Sie eine große Vielfalt an Wildstauden, Sommerblumen und Wildsträuchern, die vom zeitigen Frühjahr bis zum Ende des Spätherbstes blühen.
- Schichten Sie Äste, Zweige und trockenes Laub zu einem Haufen auf, diese dienen als Überwinterungs- und Nistplatz sowie als Holzquelle.
- Richten Sie an einem sonnigen Platz eine Wasser- und Mineralientankstelle ein, indem Sie ein Stück Boden offen und leicht feucht lassen. Eine offene, sandige Fläche nutzen Sandbienen und andere Insekten als Brutplatz.
- Bieten Sie unter Sträuchern oder zwischen Blumen Steine, Moose und leere Schneckengehäuse als Rückzugsplätze oder zum Nisten an.

Für Schmetterlinge

- Sorgen Sie neben nektarreichen Blumen auch für jede Menge Futterpflanzen für die Raupen wie z. B. Brennnessel, Hornklee und eine Wildstrauchhecke.
- Legen Sie eine Blumenwiese an oder lassen Sie einige Rasenstellen stehen.
- Legen Sie an sonnigen Plätzen Steine aus, auf denen sich Falter sonnen.

Für Fliegen und Käfer

- Dulden Sie Blattläuse, denn sie sind für zahlreiche Arten wichtige Nahrung, ebenso für Meisen u. a. Vogelarten.

OBEN: Die großen Schirmblüten der Doldenblütler bieten Käfern, Fliegen und anderen Insekten reichlich Nahrung. Stehen lassen!
MITTE: Zwetschen, Äpfel und anderes Fallobst sind im Herbst wichtige Kost und Tränke für Schmetterlinge.
RECHTS: Am Bienenhotel – Bohrlöcher in hartem Laubholz – herrscht großer Andrang: Mauerbienen nisten hier.

MEIN TIPP

Das Bundesministerium für Ernährung und Landwirtschaft hat eine Bienen-App entwickelt, die Sie kostenlos herunterladen können (*www.bmel.de/bienen-app*). Darauf finden Sie viele bienenfreundliche Pflanzen für Balkon und Garten.

Gründünger
Phacelia

Projekt: Gründüngung mit Insektenpflanzen

Viele Gründüngungspflanzen locken jede Menge Insekten an – gleichzeitig reichert eine Gründüngung den Boden mit Humus an, verbessert dessen Struktur und düngt auch noch auf sanfte Weise.

1 Bereiten Sie das Beet oder die Fläche für die Aussaat vor: Dazu befreien Sie den Boden von Bewuchs, lockern ihn mit Sauzahn (Kultivator, Gartenkralle, Pendelhacke) und ebnen ihn mit dem Rechen ein.

2 Nun säen Sie das Saatgut nach den Angaben auf der Packung aus. Verteilen Sie dazu das Saatgut mit einer Hand breitflächig über das Beet. Die Samen sollten möglichst gleichmäßig über die ganze Fläche ausgestreut werden. Feines Saatgut mischen Sie am besten zuvor mit Sand. Dunkelkeimer werden mit einer feinen Schicht Erde bedeckt, Lichtkeimer nur leicht auf die Erde angedrückt. Rechen Sie das Saatgut in den Boden ein, dann mit feinem Brausestrahl gießen.

3 Nach der Blüte werden die Gründüngungspflanzen abgemäht oder niedergewalzt, im Herbst abfrieren lassen. Dann ein paar Tage zum Trocknen liegen lassen.

4 Nun können Sie die Gründüngungspflanzen flach in die obersten Bodenschichten einarbeiten. Oder Sie lassen sie als Mulch über den Winter liegen und arbeiten sie erst im nächsten Frühjahr ein.

5 Nach zwei Wochen können Sie die Fläche neu bepflanzen, nach zwei bis drei Wochen neue Aussaaten vornehmen.

Tübinger Mischung: Bienenfreund, Buchweizen, Gelbsenf, Koriander, Ringelblume, Schwarzkümmel, Ölrettich, Kornblume, Wildmalve, Dill und Borretsch, geeignet für alle Böden außer trockenen Sandböden

Brandenburger Bienenweidegemisch: Bienenfreund, Serradella, Gelbsenf, Buchweizen, Ölrettich, Borretsch, Wildmalve und Sonnenblumen, geeignet für leichte Böden

MEIN TIPP

Lassen Sie die Gründüngungspflanzen aus den Samenmischungen über den Winter stehen – so können sich die Vögel an den Samen bedienen und Kleintiere zwischen den Pflanzen überwintern.

Material

- Saatgut für Gründüngungspflanzen (Phazelie, Weiß-Klee, Wicken, Tübinger Mischung, Brandenburger Bienenweidegemisch)

Zeitpunkt

- März bis September, am besten Anfang Mai

Projekt: Kunstfigur aus Totholz

Des Menschen Ding ist das Erschaffen von Kunst – bei diesem Projekt tun Sie auch noch was Gutes für Hornissen und andere Wespenarten, die sich gern am morsch werdenden Holz für die eigenen Papierbauten bedienen. Zudem ziehen rasch Käfer und andere Insekten in das Holzgebilde ein.

1 Schneiden Sie die Bretter in unterschiedlich große Stücke: Für die vier Füße benötigen Sie kleine quadratische Brettchen, für den Korpus größere rechteckige Bretter, für die Grundplatte ein quadratisches Holzbrett.

2 Zunächst bauen Sie die vier Standfüße. Dazu werden immer größer werdende Holzquadrate aufeinandergeschraubt. Damit das Holz beim Verschrauben nicht reißt, müssen die Schraubenlöcher vorgebohrt sein. Das heißt bei 4 mm Schrauben ein 4 mm im Durchmesser messendes Loch ins obere Brett und 2 mm Durchmesser ins untere Brett bohren.

3 Wenn die Füße fertig sind, verbinden Sie alle Füße mit einer Grundplatte, auf die der Korpus aufgebaut wird.

4 Von unten nach oben schrauben Sie Lage für Lage die Bretter aufeinander. Die Balance zwischen gleichmäßigen Spalten und ungleichmäßiger Randausbildung ergibt eine kunstvolle Spannung.

5 Stellen Sie die Totholz-Figur an einen sonnigen Platz im Garten. Günstig ist die Nähe von Wildblumen, Wildsträuchern und verschiedenen Kleinbiotopen (siehe Seite 10).

MEIN TIPP

Diese Figur ist etwas für Fortgeschrittene. Beginnen Sie mit einfachen Türmen und Pyramiden, bevor Sie sich an runde Formen und mehrfüßige Unterbaue wagen. Den Hornissen ist es egal, wie kunstvoll das Totholz-Gebilde ist.

Material

- unbehandelte Bretterstücke vom Schreiner/Zimmermann

Projekt: Bauerngarten-Sommerblumenstreifen

Verschiedene Sommerblumen machen aus einem sonnigen Streifen am Wegrand ein buntes Bauerngarten-Blumenwieschen, das magnetisch Bienen, Schmetterlinge, Käfer und andere Insekten anzieht.

1 Wählen Sie den Standort: Sommerblumen sehen überall gut aus. Darum eignet sich nicht nur der Streifen am Wegrand dafür, sondern viele Standorte im Garten – von kleinen Fleckchen Erde an der Terrasse über Streifen am Zaun entlang bis hin zu brachliegenden Beeten. Die genannten Sommerblumen gedeihen auf normalem Gartenboden.

2 Bereiten Sie das Beet für die Aussaat vor: Dazu befreien Sie den Boden von Bewuchs und lockern ihn mit Sauzahn, Kultivator, Gartenkralle oder Pendelhacke. Dann versorgen Sie den Boden mit etwas reifem Kompost (maximal 3 Liter pro Quadratmeter) und ebnen ihn mit dem Rechen ein.

3 Nun säen Sie das Saatgut breitflächig mit der Hand nach den Angaben auf der Packung aus. Die Samen sollten möglichst gleichmäßig über die ganze Fläche ausgestreut werden. Feines Saatgut mischen Sie am besten mit Sand. Dunkelkeimer werden mit einer feinen Schicht Erde bedeckt, Lichtkeimer nur leicht auf die Erde angedrückt. Mit feinem Brausestrahl gießen.

4 Lassen Sie die abgeblühten Sommerblumen auf dem Beet stehen. Viele entwickeln reichlich Samen, von denen sich Stieglitze und andere Samenfresser unter den Vögeln im Winter ernähren. Da sich nicht alle Sommerblumen selbst aussäen und sie auch individuell unterschiedlich gut am Standort gedeihen, wird das Beet – ohne Neueinsaaten – im zweiten Jahr anders aussehen als im ersten. So stellt sich nach und nach, abhängig von der Bodenbeschaffenheit, den klimatischen Verhältnissen, der Menge an Licht und Wasser und vielen anderen Faktoren, eine optimale Sommerblumengesellschaft ein. Sie haben die Wahl, ob Sie diese natürlicherweise entstandene Zusammensetzung akzeptieren oder ob Sie jährlich durch Neueinsaaten Ihre Lieblingsblumen stets neu ansiedeln.

MEIN TIPP

Richten Sie am Blumenstreifen einen Sitzplatz an. Dann können Sie sich beim Beobachten von Tieren und Pflanzen ganz einfach entspannen.

Material

- Saatgut von einjährigen Sommerblumen (Ackerblumen)
- Schnittlauch, Akelei (ungefüllte Sorten), Dill, Fuchsschwanz, Goldlack, Jungfer im Grünen, Kornblume, Kosmee, Levkoje, Löwenmäulchen, Mohn, Nachtkerze, Ringelblume, Sommeraster, Tagetes

Projekt: Blackbox Bee Gardening

Haben Sie Lust auf ein Experimentalbeet? Dann bepflanzen Sie es mit Blackbox-Pflanzen – das sind Stauden, ein- und zweijährige Sommerblumen, die sich leicht selbst aussäen. Welche sich in Ihrem Garten tatsächlich ansiedeln und ausbreiten, hängt von den jeweiligen Standortbedingungen ab: Wählen Sie verschiedene Bienenblumen und lassen Sie sich überraschen!

1 Wählen Sie Ihre Lieblings-Bienenblumen aus. Sie benötigen nur eine kleine Menge, da die gesäten oder gepflanzten Blumen »nur« eine Initialzündung fürs Blackbox-Gärtnern sind.

2 Bereiten Sie die Flächen für Aussaat oder Pflanzung vor: Dazu befreien Sie den Boden von Bewuchs und lockern ihn mit Sauzahn, Kultivator, Gartenkralle oder Pendelhacke. Dann versorgen Sie den Boden mit etwas reifem Kompost (maximal 3 Liter pro Quadratmeter) und ebnen ihn mit dem Rechen ein.

3 Aussaat: Nach dem Prinzip des Blackbox-Gärtnern säen Sie nicht flächendeckend ein, sondern streuen die Samen jedes Samentütchens (nach den Angaben auf der Packung) nur auf einer kleinen Fläche aus. Feines Saatgut mischen Sie am besten zuvor mit Sand. Dunkelkeimer werden mit einer feinen Schicht Erde bedeckt, Lichtkeimer nur leicht auf die Erde angedrückt. Mit feinem Brausestrahl angießen.

4 Pflanzung: Es wird auch nicht flächendeckend gepflanzt, sondern mit viel weniger Pflanzen pro Quadratmeter als bei üblicher Pflanzung. Setzen Sie die Jungpflanzen in ein ausgehobenes Pflanzloch in den Boden. Dabei sitzt der Wurzelballen 1–2 cm tiefer als im Topf. Erde auffüllen, Wurzelballen gut festdrücken, noch etwas Erde nachfüllen, dann angießen. Bedecken Sie den Boden nach der Pflanzung mit Mulch (Heu, getrocknete Gründüngungspflanzen, gewelkter Grasschnitt, Brennnesselblätter, Stroh).

5 Pflegen Sie die Pflanzen wie gewohnt – und beobachten Sie ihren Werdegang über Jahr und Tag.

MEIN TIPP

Starten Sie Ihr Blackbox-Gärtnern auf jedem Fleckchen freiem Boden: Boden lockern und glätten, dann dort einfach Ihre Lieblings-Bienenblumen aussäen oder pflanzen.

Material

- je eine Portion Saatgut oder ein paar Jungpflanzen von sich selbst aussäenden Bienenblumen, z. B. Fingerhut *(Digitalis)* und Pfirsichblättriger Glockenblume *(Campanula persicifolia,* ungefüllte Sorten)
- weitere Pflanzen: Borretsch, Rotblättriger Fenchel, Blaue Jakobsleiter, Karde *(Dipsacus)*, Knautie, Kugeldistel, Stauden-Lein, Lichtnelke, Nachtkerze, Schafgarbe, Steppen-Salbei

Bester Zeitpunkt

- Aussaat: Frühjahr, Kaltkeimer im Herbst
- Pflanzung: Frühjahr bis Herbst

Projekt: Ausflug in die Prärie

Präriepflanzen liegen im Trend, denn die pflegeleichten Pflanzen überstehen jede Wettereskapade von extrem heiß bis frostig kalt. Auch Trockenheit ist kein Thema. Zudem sind die hübschen Blüten eine Bienenweide. Besonders attraktiv: Blumenbeete in einem Farbton.

1 Planung: Wählen Sie einen passenden Platz im Garten, der den Lebensbedingungen der Präriepflanzen zusagt. Diese kommen – wie die meisten Stauden – besonders gut zur Geltung, wenn sie in kleinen Gruppen aus drei bis fünf Exemplaren gesetzt werden. Auf einen Quadratmeter passen eine Leitstaude (Scheinsonnenhut) und drei bis vier Begleitstauden (Indianernessel plus Gräser).

2 Besorgen Sie die Pflanzen. Achten Sie dabei auf Sorten im selben Farbton – also nur in Rosa-, Rot- oder Weißtönen.

3 Bereiten Sie die Pflanzfläche vor: Befreien Sie den Boden von Bewuchs und lockern Sie ihn mit Sauzahn, Kultivator, Gartenkralle oder Pendelhacke. Dann versorgen Sie den Boden mit etwas reifem Kompost (maximal 3 Liter pro Quadratmeter) und ebnen ihn mit dem Rechen ein. Der Boden muss locker und feinkrümelig sein.

4 Nun stellen Sie die Pflanzen im Töpfchen auf die Fläche, zuerst die Leitstaude, dann die Begleitstauden: Betrachten Sie das Beet von verschiedenen Seiten, auch von etwas weiter weg. Korrigieren Sie die Positionen der getopften Pflanzen so lange, bis Sie zufrieden sind.

5 Wenn alle Pflanzen am richtigen Platz sind, wird eingepflanzt. Tauchen Sie die Wurzelballen so lange in einen mit Wasser gefüllten Eimer, bis keine Luftblasen mehr aufsteigen. Heben Sie dann ein Pflanzloch aus, das größer ist als der Container. Nun setzen Sie den gut gewässerten Ballen in das Pflanzloch, füllen Erde nach und drücken den Ballen gut an. Eventuell noch etwas Erde nachfüllen. Anschließend wird noch mal gründlich gewässert: Je nach Boden gibt man 5–10 Liter pro Pflanze.

MEIN TIPP

Unter den Präriepflanzen gibt es noch weitere, die nicht nur attraktiv aussehen, sondern auch Bienen- und Insektenweiden sind. Dazu gehören Duftnesseln *(Agastache)*, Mädchenaugen *(Coreopsis)*, Feinstrahlastern *(Erigeron)*, Mannstreu *(Eryngium)*, Kokardenblumen *(Gaillardia)*, Nachtkerzen *(Oenothera)*, hoher Sommer-Phlox *(Phlox)*, Sonnenhut *(Rudbeckia)*, Prärie-Salbei *(Salvia azurea)* und Goldrute *(Solidago)*.

Material

- Jungpflanzen von Präriepflanzen
- Scheinsonnenhut *(Echinacea purpurea* in Rosa-, Rot- und Weißtönen)
- Indianernessel *(Monarda* in Rosa-, Rot- und Weißtönen)
- Gräser, z. B. Tautropfengras *(Sporobolus heterolepis)* oder die heimischen Lampenputzergras *(Pennisetum alopecuroides)* oder Flausch-Federgras *(Stipa pennata)*

Wichtig

- Standort: vollsonnig
- Boden: gut durchlässig

Projekt: Grünes Insektendach

Auf Dach, Garage, Carport, Gartenhaus und anderen horizontalen Flächen schaffen Sie eine bunte, lebendige Naturfläche mit Fetthennen, Mauerpfeffer und Co. Bevor Sie extensiv begrünen, prüfen Sie die Stabilität des Bauwerks – nach Regengüssen kommen leicht 60–400 kg zusätzliches Gewicht.

1 Prüfen Sie, ob das Dach für eine Begrünung geeignet ist – also Dichtigkeit, Neigung, Tragfähigkeit. Ziehen Sie am besten einen Experten hinzu. Achten Sie bei der Anlage der Bepflanzung stets auf Ihre Sicherheit!

2 Nehmen Sie die Maße, ermitteln Sie Größe und Menge der benötigten Materialien.

3 Kehren Sie das dichte Dach gründlich ab. Beginnen Sie mit dem Unterbau: Von unten nach oben verlegen Sie glatt und faltenfrei Dachbahnen aus Kunststoff oder Bitumen, dann ein Wurzelschutzvlies und Dränageplatten. Am Dachablauf schneiden Sie in alle Schichten eine passende Öffnung.

4 Nach dem Setzen des Kontrollschachts bringen Sie rund um diesen sowie an den Dachrändern eine ca. 30 cm breite Kiesschicht aus.

5 Bringen Sie das Substrat aus und verteilen Sie es mit dem Rechen eben ca. 5–6 cm dick auf der Fläche aus. Haben Sie zu viel Substrat, so bilden Sie daraus kleine Hügelchen – denken Sie aber stets an die Dachlast!

6 Verteilen Sie die Pflanzen auf der Fläche und pflanzen Sie diese einzeln in Pflanzlöcher, gießen Sie gründlich an.

7 Decken Sie das Substrat mit 2–3 cm Kies ab – wiederum Dachlast beachten!

Wichtig: Kontrollieren Sie regelmäßig den Ablauf. Entfernen Sie alle Pflanzen, die hineingewachsen sind, ebenso alle Baum- und Strauchkeimlinge auf der Fläche.

Geeignete Pflanzen für 7–20 cm Aufbau:

Echter Dost, Färberkamille, Felsennelke, Fetthennen *(Sedum*-Arten), Habichtskraut, Labkraut, Leinkraut, Nelken *(Dianthus carthusianorum, D. deltoides)*, Prunelle, Scharfgarbe, Schnittlauch, Seifenkraut, Thymian, Wald-Erdbeere

MEIN TIPP

Diese Pflanzen mögen sonnige, trockene Standorte – daher eignen sie sich auch für Steingärten, Trockenmauern oder für die Bepflanzung von regengeschützten Streifen unterm Dachtrauf.

Material

- Material für den Unterbau: Dachbahnen, Wurzelschutzvlies, Dränageplatten
- Kies (Körnung 16–32 mm oder 16–22 mm)
- mageres Spezialsubstrat für extensive Dachbegrünung (Mischung aus Erde, Lavagestein, Bims); etwa 60 Liter pro Quadratmeter
- 5–6 Pflanzen pro Quadratmeter
- geeignete Pflanzen für niedrigen Aufbau (ca. 5 cm): *Sedum*-Arten und Moose
- Schöne *Sedum*-Arten:
  Scharfer Mauerpfeffer *(Sedum acre)*
  Weiße Fetthenne *(Sedum album)*
  Felsen-Fetthenne *(Sedum rupestre, S. reflexum)*
  Milder Mauerpfeffer *(Sedum sexangulare)*
- alternativ: Aussaat, bei sehr großen Flächen Auslegen vorkultivierter Vegetationsmatten

Projekt: Kräuter im Kasten

Kräuter würzen nicht nur Speisen – Schmetterlinge, Hummeln und andere Bienen umschwärmen die nektarreichen Blüten. Praktisch ist ein kleines Kräuterkastenbeet vorm Küchenfenster.

1 Umbauen Sie mit den blau lasierten Holzbrettern den Mörtelkasten.

2 Geben Sie eine 10 cm dicke Kies- oder Blähtonschicht als Dränage in den Mörtelkasten.

3 Kräuter brauchen ein mageres, gut wasserdurchlässiges Substrat, das sich rasch erwärmt und Wärme gut speichert. Mischen Sie darum die Blumenerde mit dem Sand im Verhältnis 1:1 und geben Sie noch etwas Steinmehl dazu. Auch eine Mischung aus 3 Teilen Gartenerde, 2 Teilen Sand und 1 Teil reifem Kompost plus etwas Steinmehl ergibt eine gute Kräutererde.

4 Füllen Sie die Erde-Sand-Mischung in den Kasten, bis etwa 2 cm unterhalb des Randes.

5 Pflanzen Sie nun die Kräuter, gut angießen.

6 Bedecken Sie das Substrat (nicht die Pflanzen!) mit einer 1–2 cm dicken Schicht aus Aquarienkies, Ziegelsplitt, Lava, Bims oder kleinen Steinen – so bleibt die Feuchtigkeit im Substrat erhalten und die aufgewärmten Steine geben nachts die Wärme an das Substrat ab.

7 Stellen Sie den Kräuterkasten an einen sonnigen Platz – Kräuter wollen es sonnig-warm!

Kräuter für Schmetterlinge:

Bohnenkraut, Dill, Diptam, Johanniskraut, Kapuzinerkresse, Katzenminze, Kümmel, Lavendel, Minzen, Majoran, Ringelblume, Salbei, Schnittlauch, Steinquendel, Thymian, Weinraute, Ysop, Zitronenmelisse

MEIN TIPP

Lavendel und andere Kräuter sind kalkliebende Pflanzen. Sie können darum kalkhaltigen Vogelsand unter das Substrat mischen.

Material

- Mörtelkasten
- Holzbretter
- blaue Lasurfarbe
- Kies oder Blähton
- Blumenerde
- Sand, Steinmehl
- Aquarienkies, Ziegelsplitt, Lava, Bims, kleine Steine
- je zwei Jungpflanzen von Petersilie, Thymian, Lavendel, Salbei, Rosmarin, Dost, Schnittlauch

Projekt: Insektenblumen am Wegrand

Auf nährstoffarmem Boden aus Sand, Kies oder Schotter gedeihen die schönsten Wildblumen, die viele Insekten- und Schmetterlinge anziehen. Ein oder zwei Quadratmeter Fläche reichen schon aus für ein artenreiches Schmetterlingsparadies.

1 Gartenböden sind meist recht nährstoffreich. Damit diese Wildblumen gedeihen, müssen Sie den Boden zunächst abmagern. Dazu geben Sie reichlich Sand oder Kies auf den von allem Bewuchs befreiten Boden und arbeiten ihn mit der Gartenfräse in die obersten Bodenschichten ein. In sandige Böden arbeiten Sie pro Quadratmeter 0,5–1 kg Tonmehl und 2 Liter reifen Kompost ein.

2 Rechen Sie den feinkrümeligen Boden eben.

3 Tauchen Sie die Töpfe mit den Pflanzen so lange in einen mit Wasser gefüllten Eimer, bis keine Luftblasen mehr aufsteigen. Gut durchfeuchtete Wurzelballen wachsen besser an.

4 Dann verteilen Sie die Pflanzen mit den Töpfen auf der Fläche. Schauen Sie sich das Beet von allen Seiten an, auch aus der Ferne – korrigieren Sie die Standorte der Pflanzen so lange, bis Ihnen die Pflanzung gefällt.

5 Nun wird gepflanzt: Heben Sie nacheinander für jede Pflanze ein Loch aus, das etwas größer ist als der Wurzelballen. Entfernen Sie den Topf und stellen Sie die Pflanze ins Pflanzloch – nicht zu hoch, nicht zu tief. Füllen Sie nun das Pflanzloch mit Erde und Kies oder Sand und drücken Sie den Wurzelballen gut an. Gründlich angießen.

6 Zum Schluss decken Sie den Boden mit etwa 2 cm Kies oder Schotter ab.

Noch mehr Schmetterlingsblumen für mageren Boden: Adonisröschen, Färberkamille, Acker-Glockenblume, Hasenohr, Dorniger Hauhechel, Gewöhnliches Hornklee, Kartäuser-Nelke, Küchenschelle, Kopf-Lauch, Wilder Majoran, Pechnelke, Gelbe Resede, Spornblume, Muskateller-Salbei, Steppen-Salbei, Trauben-Skabiose, Tüpfel-Johanniskraut, Aufrechter Ziest, Heil-Ziest

MEIN TIPP

Damit es auch im Frühjahr und Herbst blüht, pflanzen Sie noch Küchenschellen, Adonisröschen, Traubenhyazinthen und für den Herbst Wilden Majoran.

Material

- Sand, Kies
- 6–8 Pflanzen pro Quadratmeter:
- Kronen-Lichtnelke *(Silene coronaria)*, Königskerze *(Verbascum)*, Moschusmalve *(Malva moschata)*, Natternkopf *(Echium vulgare)*, Ochsenauge *(Buphthalmum salicifolium)*, Rittersporn *(Delphinium)*

Projekt: Hohes Insektenblumen-Staudenbeet

Hohe Bienen- und Schmetterlingsblumen umstehen einen sonnigen Sitzplatz in einer stillen Gartenecke – wie geschaffen zum Durchatmen, Energie tanken und Insekten beobachten an allen Tagen, an denen Sie die Sonne suchen.

1 Bereiten Sie die Pflanzfläche vor: Befreien Sie den Boden von Bewuchs und lockern ihn mit Sauzahn, Kultivator, Gartenkralle oder Pendelhacke. Arbeiten Sie besonders sorgfältig bei schweren Tonböden, denn diese verdichten leicht und neigen zu pflanzenschädlicher Staunässe. Dann versorgen Sie den Boden mit reifem Kompost (maximal 3 Liter pro Quadratmeter) und ebnen ihn mit dem Rechen ein. Der Boden muss locker und feinkrümelig sein.

2 Tauchen Sie die Töpfe mit den Pflanzen so lange in einen mit Wasser gefüllten Eimer, bis keine Luftblasen mehr aufsteigen. Gut durchfeuchtete Wurzelballen wachsen besser an.

3 Dann verteilen Sie die getopften Pflanzen auf der Fläche: Betrachten Sie das Beet von verschiedenen Seiten, auch von etwas weiter weg. Korrigieren Sie die Positionen der getopften Pflanzen so lange, bis Sie mit dem Ergebnis zufrieden sind.

4 Nun wird gepflanzt: Dazu heben Sie ein Pflanzloch aus, das etwas größer ist als der Wurzelballen. Nun setzen Sie den gut gewässerten Ballen in das Pflanzloch, füllen Erde nach und drücken den Ballen gut an. Eventuell noch etwas Erde nachfüllen und gründlich wässern.

Noch mehr hohe Insektenstauden:

Echter Alant, Herbst-Aster, Raublatt-Aster, Baldrian, Eisenhut (sehr giftig!), Fingerhut (giftig), Geißbart, Wilde Karde, Wilde Malve, Nachtkerze, Rittersporn, Thüringer Strauchpappel, Akeleiblättrige Wiesenraute

MEIN TIPP

Hohe Stauden wirken auch gut als Solitärpflanzen, die triste Gartenecken oder Plätze vor Hecken und anderen sonnigen Hintergründen aufpeppen.

Material

- 4–6 Pflanzen pro Quadratmeter:
- Bärenklau *(Acanthus)*, Blutweiderich *(Lythrum salicaria)*, Kugeldistel *(Echinops)*, Pfingstrose *(Paeonia)*, Roter Sonnenhut *(Echinacea purpurea)*, Taglilie *(Hemerocallis)*

Bester Zeitpunkt

- April/Mai oder September/Oktober/November

Projekt: Insektenblumen für das zeitige Frühjahr

Eine Rasenfläche verwandeln Sie in ein Frühlings-Nahrungsparadies für Hummeln und Bienen, wenn Sie darin jede Menge Krokus, Märzenbecher, Schneeglöckchen und Winterlinge setzen. Vor dem ersten Mähen sind deren Blätter eingezogen und Sie können den Rasen wie immer zum Spielen und Toben nutzen!

1 Besorgen Sie im September/Oktober die Blumenzwiebeln.

2 Damit die Krokusse im Rasen nicht gleichmäßig wie Figuren auf dem Schachbrett verteilt sind, sondern ganz »natürlich« wachsen, wenden Sie beim Pflanzen einen Trick an: Nehmen Sie eine Handvoll Blumenzwiebeln und werfen Sie diese aus. Dazu können Sie einfach auf dem Rasen stehen und die Zwiebeln senkrecht nach oben werfen oder Sie verteilen Sie breitflächig aus dem Handgelenk heraus wie beim flächigen Aussäen.

3 Nun müssen Sie nur noch die Blumenzwiebeln im Rasen versenken – und zwar dort, wo Sie hingefallen sind. Dazu stechen Sie mit einer Pflanzhilfe (gibt's im Gartencenter) kleine Löcher in den Rasen: 6–8 cm tief reichen völlig aus. Legen Sie in jedes Loch eine Zwiebel und schließen Sie es.

4 Nun müssen Sie nur warten, bis es Frühling wird und die Krokusse aufblühen. Manchmal brauchen die Pflanzen etwas länger und erscheinen erst im darauffolgenden Jahr.

5 Nach dem Verblühen belassen Sie die Blätter. Gemäht wird erst, wenn die Blätter wieder völlig eingezogen sind – das ist je nach Witterung im April/Mai der Fall. Werden die Blätter abgemäht, so sterben die Krokusse ab oder sie werden stark geschwächt.

6 Da Krokusse (und andere Zwiebelblumen) im Erdboden viele Tochterzwiebeln ausbilden, vergrößern sich die Krokusgruppen von Jahr zu Jahr. Und wenn die Krokusse gar nicht wachsen wollen, setzen Sie jede Zwiebel im kleinen Blumentopf (Boden herausschlagen) in den Rasen.

MEIN TIPP

In Gruppen gepflanzter Krokus sieht auch hübsch aus: Dazu stechen Sie eine tellergroße Rasenfläche aus, legen die Zwiebeln darunter und bedecken sie mit dem Rasenstück.

Material

- Blumenzwiebeln von Krokus (z. B. *Crocus tommasinianus, C. vernum)*
- Pflanzenhilfe für Blumenzwiebeln
- weitere Insekten-Zwiebelblumen fürs zeitige Frühjahr: Märzenbecher, Schneeglöckchen, Winterlinge

Zeitpunkt

- Herbst

Projekt: Starke Rosen für Insekten

Rosen verbreiten ländliches Flair, solche mit offenen Blüten laden zudem Bienen und Schmetterlinge zum Nektar- und Pollensammeln ein – und erfreuen Auge und Nase. Im Herbst reifen Hagebutten heran, eine wichtige Winterkost für Vögel.

1 Wählen Sie beim Kauf der Rosen nur robuste Sorten, z. B. ADR-Rosen, das sind auf Widerstandsfähigkeit gegenüber Rosenkrankheiten, Winterhärte und andere Faktoren geprüfte und langjährig bewährte Sorten.

2 Wählen Sie einen sonnigen, luftigen Platz, an dem die Blätter nach einem Regenguss rasch wieder abtrocknen können.

3 Bereiten Sie den Pflanzplatz vor: Da Rosen tief wurzeln, sollte der Boden unverdichtet sein. Lockern Sie den Boden tiefgründig.

4 Legen Sie wurzelnackte Rosen vor dem Pflanzen mindestens 8 Stunden lang in einen mit Wasser gefüllten Eimer – die Veredlungsstelle muss im Wasser stehen. Auch Rosen im Container wässern Sie so lange, bis keine Luftblasen mehr aufsteigen.

5 Wurzelnackte Rosen: Dann schneiden Sie die Triebe auf etwa 20 cm zurück, jeder Trieb sollte mindestens 5 Knospen aufweisen. Entfernen Sie alle abgestorbenen oder verletzten Wurzeln und kürzen Sie die Hauptwurzeln etwas ein. Containerrose: nur verletzte oder abgestorbene Triebe entfernen.

6 Heben Sie ein mindestens 40 cm tiefes Pflanzloch aus, denn die Wurzeln dürfen nicht umknicken. Pflanzen Sie die Rose so tief ein, dass die Veredlungsstelle mindestens 5 cm von Boden bedeckt ist – nachmessen!

7 Mischen Sie 1 Teil reifen Kompost unter 2 Teile der ausgehobenen Erde (oder insgesamt eine Handvoll Hornspäne) und füllen diese ins Pflanzloch. Treten Sie das Erdreich leicht fest. Dann wird ausgiebig gewässert.

8 Zuletzt häufeln Sie die Erde etwa 15 cm rund um die Rose auf – im Frühjahr können Sie diesen Erdhaufen entfernen.

MEIN TIPP

Lassen Sie die Rosen von Insektenblumen begleiten. Gut passen Akelei, Astern, Bergminze, Herbst-Chrysanthemen, Färberkamille, Gold-Felberich, Fingerhut, Frauenmantel, Glockenblumen, Katzenminze, Lavendel, Sommer-Phlox, Rittersporn, Salbei, Schafgarbe, Storchschnabel, Stockrosen sowie Chinaschilf *(Miscanthus)*, Lampenputzergras und Pfeifengras.

Material

- 2 kleinblütige Wild- oder ungefüllte Rambler-Rosen in Weiß und Rosa-Rot

Bester Zeitpunkt

- Mitte Oktober bis Mitte November

CHATEAU DU CALVAIRE

CHATEAU DU CALVAIRE 2010

CHATEAU DU CALVAIRE 2010

CHATEAU DU CALVAIRE 2010
SAINT-EMILION GRAND CRU

Projekt: Wildbienenhotel

Viele Wildbienen bilden keinen Staat wie Honigbienen, sondern leben einzeln. Sie suchen geeignete Nistplätze, in die sie Nahrung eintragen und mit Eiern belegen. Im Wildbienenhotel werden die Wildbienen fündig.

1 Schichten Sie zuunterst ein paar Lagen Rindenstücke in der Weinkiste.

2 Füllen Sie nun den Blumentopf mit den Kiefernzapfen und legen Sie diesen auf die Rindenstücke. Damit die Zapfen nicht herausfallen, können Sie die Blumentopföffnung auch mit einem Stück Kaninchendraht überziehen.

3 Nun bündeln Sie die Hölzchen, zum Fixieren umwickeln Sie diese mit Bindedraht. Legen Sie das Hölzchenbündel neben den Blumentopf.

4 Nun bohren Sie in die Stirnseite des Aststücks blind endende Löcher mit einem Durchmesser von 4 mm. Setzen Sie die Löcher nicht zu dicht nebeneinander. Glätten Sie die Bohrlöcher mit Schleifpapier – dann legen Sie das Aststück auf das Hölzchenbündel.

5 Schneiden Sie von der Schilfmatte einen Streifen ab, der genauso breit ist wie die Tiefe der Weinkiste. Verwenden Sie dazu scharfes Werkzeug, damit die Öffnungen der Schilfhalme nicht verletzt oder gequetscht werden. Rollen Sie dann die Schilfmatte und platzieren Sie sie auf dem Blumentopf.

6 Nun füllen Sie die verbliebenen Hohlräume mit Rindenstücke. Sie können auch Moos verwenden, das verschiedene Käfer als Versteck nutzen.

7 Nageln Sie ein paar Rindenstücke überstehend als Regenschutz auf das »Dach«. Sie können auch Dachziegel dazu verwenden.

8 Platzieren Sie das Wildbienenhotel schon im Februar an einen warmen, trockenen Platz, denn schon an den ersten sonnigen Märztagen sind die Mauer- und andere Wildbienen unterwegs und suchen nach geeigneten Nistplätzen.

9 Belassen Sie das Wildbienenhotel unbedingt bis zum nächsten Jahr draußen, damit die sich darin entwickelnden Wildbienen schlüpfen können!

MEIN TIPP

Verwenden Sie als Holz für die Bohrlöcher nur hartes Laubholz mit möglichst kurzen Fasern, Buchenaststücke oder solche von Obstbäumen sind ideal. Kiefern- und Fichtenholz ist ungeeignet, weil fließendes Harz die Bohrlöcher verklebt.

Material

- 1 Weinkiste
- Rindenstücke
- Blumentopf
- Kiefernzapfen
- Hölzchen
- Bindedraht
- trockenes, abgelagertes Aststück, z. B. vom Brennholz
- Schilfmatte

1

2

3

Projekt: Noch mehr Insektenhotels

Noch mehr Insekten – Schmetterlinge, Marienkäfer, Schwebfliegen, Florfliegen und natürlich Hummeln und andere Wildbienen – finden Schutz, Brutplatz und Verstecke in den verschiedenen Strukturen der Insektenhotels. Vielfalt dabei ist wichtig, denn jede Art hat so seine eigenen Bedürfnisse an die Unterkunft.

1 **Hotel 1:** Mauer- und andere Wildbienen nisten in Röhren. Sägen Sie die Bambusstäbe in 15–20 cm lange Teilstücke. Achten Sie darauf, dass jedes Teilstück hinten geschlossen ist. Sie können dazu auch Schilfrohr verwenden, allerdings nur die nicht gespaltenen Teilstücke. Schneiden Sie 4–7 Latten eines Rollladens in 15–20 cm breite Stücke und wickeln Sie je ein solches Teilstück um ein Bündel Bambusröhren.

2 **Hotel 2:** Füllen Sie einen großen Hohlraum des Lochziegels mit weichem Lehm. Bohren Sie mit einem Bleistift oder Holzbohrer zahlreiche Löcher (Durchmesser 4–10 mm) in den Lehm. Die restlichen Hohlräume füllen Sie mit blind endenden, auf die richtige Länge geschnittenen Bambusröhren, Rosen-, Holunder- und Forsythienäste, Stroh, Laub, Flaschenkorken und Moos.

3 **Hotel 3:** Unterteilen Sie den Kasten oder die Schublade mit Holzbrettern in einzelne Fächer. Sägen Sie ein Brett auf die Größe eines Fachs zurecht; in dieses Brett sägen Sie vier 12 mm breite und 80 mm hohe Schlitze. Füllen Sie das Fach mit Moos und verschließen Sie es mit dem Schlitzbrett. Die anderen Fächer füllen Sie mit verschiedenen Insektenhotelmaterialien.

4 Alle Insektenhotels platzieren Sie an warmen, trockenen, regengeschützten Plätzen im Freien.

MEIN TIPP

Viele kleine Insektenhotels dezentral im Garten verteilt ist besser als ein großes Insektenhotel. Legen Sie kleine leere Schneckenhäuschen an sonnigen Stellen auf den Erdboden – auch darin nisten Wildbienen.

Material

Hotel 1

- Bambusstäbe, Durchmesser 12–14 mm
- Rollladen

Hotel 2

- Lochziegel
- weicher Lehm oder Löß
- Bambusstäbe, Rosen-, Holunder- und Forsythienäste, Stroh, Laub, Flaschenkorken, Moos

Hotel 3

- Holzkasten oder Holzschublade
- Holzbretter
- Moos und anderes Material fürs Insektenhotel

Projekt: Imkern im Garten

Honigbienen haben es im Garten oftmals viel besser als auf Wiesen und Feldern, denn dort finden Sie von Frühjahr bis weit in den Herbst hinein Nahrung. Darum liegt Stadtimkern im Trend – vielleicht möchten ja auch Sie Verantwortung für ein Bienenvolk übernehmen.

1 Lust zum Imkern ist da? Dann checken Sie, ob Sie auch geeignet dafür sind. Sie brauchen einen festen Lebensort, genügend Freizeit und das Ja der Familie.

2 Bevor Sie mit dem Imkern beginnen, sollten Sie sich ausgiebig mit erfahrenen Imkern austauschen und informieren. Wenden Sie sich an den örtlichen Imkerverein (Adresse bekommen Sie über den Deutschen Imkerbund, www.deutscherimkerbund.de). Dort können Sie auch Kurse, Lehrgänge und Fortbildungen besuchen. Oder Sie wenden sich an die Landesanstalt für Bienenkunde (www.bienenkunde.uni-hohenheim.de).

3 Standort: Honigbienen dürfen überall gehalten werden, wo der Bebauungsplan die Haltung von Kleintieren nicht ausdrücklich verbietet – also auch auf dem Balkon. Haben Sie keinen Garten, so wenden Sie sich vor Ort an den Imkerverein, eine Naturschutzorganisation, Kleingartenanlage oder Besitzer von Streuobstwiesen.

4 Bienenvolk: Informieren Sie sich über die verschiedenen Honigbienenrassen und ihre Qualitäten. Zum Kauf der Völker erkundigen Sie sich beim örtlichen Imker.

5 Veterinäramt: Melden Sie Ihr Bienenvolk plus Standort beim Veterinäramt an. Schließen Sie eine Tierhalterhaftung ab.

6 Haltung: Imkern ist zeitaufwendig, denn gerade wegen vieler Bedrohungen wie der Varroa-Milbe, Nosema-Einzellern und anderen erfordert die Haltung von Honigbienen regelmäßige Kontrolle und Pflege. Bienenkrankheiten müssen sofort erkannt und richtig behandelt werden, damit das Bienenvolk nicht stirbt oder andere Völker befallen werden.

MEIN TIPP

»Free the bees«: Wildimker sind überzeugt, dass das Ansiedeln von Honigbienen in der freien Natur ein Weg raus aus dem Bienensterben ist. Dazu schlagen Sie z.B. in geeigneten Lebensräumen mit ausreichend Bienennahrung Höhlen in alte Baumstämme – ein interessantes Projekt. Mehr Informationen finden Sie auf http://freethebees.ch/

Material

- Garten mit Bienenblumen
- Bienenstock
- 2 Bienenvölker
- Honigschleuder
- Imkerausrüstung (Schleierhut, Handschuhe, Jacke etc.)

Bester Zeitpunkt

- Mai

1

2

3

4

5

7

8

10

11

Bienenpflanzen, die von Januar bis Oktober blühen

① Schnee-Heide (Erika, *Erica carnea*)

Schon an milden Januartagen öffnen sich die rosa Blüten, die bis in den April hinein Bienen und anderen Blüten besuchenden Insekten reichlich Nektar und auch Pollen liefern. Eine wichtige Bienenpflanze für einen guten Start ins Frühjahr!

② Löwenzahn

Vor allem im Frühjahr ist der Löwenzahn (Blütezeit April bis Juli) eine wichtige Bereicherung des Nahrungsangebots für Bienen und Co. Die gelben Blüten liefern neben Nektar überreich Pollen an. Wenn Sie die reifenden Köpfe entfernen, können sich keine Pusteblumen bilden – so dämmen Sie das weitere Aussamen ein.

③ Diptam

Diese stattliche, äußerst attraktive Staude blüht von Mai bis Juni. Dann besuchen vor allem große Bienen, aber auch Schmetterlinge und Schwebfliegen die nektar- und pollenreichen Blüten. Die Blätter duften intensiv nach Zitronen. Jungpflanzen erhalten Sie im Gartenfachhandel.

④ Weiß-Klee

Dulden Sie kleine Polster von Weiß-Klee im Rasen. Diese wichtige Bienenpflanze mit sehr hohem Nektar- und hohem Pollengehalt versorgt den Boden auch mit Stickstoffverbindungen. Blütezeit Mai bis September. Ebenso gut sind Schweden-Klee und Roter Wiesen-Klee (Rot-Klee).

⑤ Himmelsleiter

Honig- und Wildbienen sowie Schwebfliegen besuchen die nektar- und pollenreichen Blüten der Himmelsleiter, die von Juni bis August geöffnet sind. Diese 40–80 cm hohe, anspruchslose Staude macht sich gut in gemischten Blumenbeeten. Samt sich selbst aus!

⑥ Fingerhut **(ohne Bild)**

Von Juni bis August besuchen vor allem Hummeln die nektar- und pollenreichen Blüten des attraktiven Fingerhuts. Kultivieren Sie ihn trotz seiner Giftigkeit im Garten, denn da alle Pflanzenteile extrem bitter schmecken, besteht kaum Vergiftungsgefahr. Vermehrt sich leicht durch Selbstaussaat.

⑦ Borretsch

Der Borretsch ist eine wichtige Bienenpflanze, deren Blüten von Juni bis September ergiebig Nektar und auch Pollen liefern. Säen Sie diese hübsche einjährige Würz- und Heilpflanze überall im Garten aus, nicht nur auf dem Kräuterbeet. Die Blüten schmecken auch lecker im Salat.

⑧ Kugeldistel *(Echinops)*

Die weiß- bis blaugrauen, nektarreichen und pollenhaltigen Blüten im kugeligen Stand werden von Bienen, Hummeln, Schmetterlingen und anderen Insekten besucht. Sie blühen von Juni bis Mitte Oktober und bereichern den Garten.

⑨ Echter Dost *(Origanum vulgare)* **(ohne Bild)**

Von Juli bis Oktober blüht der dekorative, anspruchslose, 40–70 cm hohe Dost, der sonnige Stellen bevorzugt. Bienen, Hummeln und Schmetterlinge besuchen die Blüten. Dost versamt sich leicht, seine duftenden Blätter würzen Pizza und gehören zur bekannten Kräutermischung »Herbes de Provence«.

⑩ Sonnenbraut *(Helenium)*

Im gemischten Blumenbeet macht sich die Sonnenbraut sehr gut, deren attraktive Blüten in warmen Gelb-, Orange-, Rot- und Brauntönen von Juli bis Oktober reichlich Nektar und Pollen liefern. Zahlreiche Arten und Sorten!

⑪ Efeu

Dank der späten Blütezeit von August bis Oktober liefert der Efeu den Insekten (Bienen, Schwebfliegen, Schmetterlinge und andere) im Herbst wichtige Nektar- und Pollenkost. Die, im Winter heranreifenden giftigen Beerenfrüchte werden von Vögeln gefressen. Begrünen Sie eine (intakte) Mauer oder Wand mit Efeu, der auch reichlich Nistplätze bietet.

1
2
3
4
5
6
7
8
9

Attraktive Insektenpflanzen

① Akelei

Wegen der langen, oft gekrümmten Sporne werden die hübschen Blüten vor allem von langrüsseligen Insekten (Hummeln) besucht. Achten Sie auf ungefüllte Blüten. Die anspruchslose Akelei sät sich selbst aus, Blütezeit Mai bis Juli.

② Hornklee

Die gelben Blüten locken Hummeln und Bienen an – noch wichtiger ist der Hornklee allerdings als Futterpflanze für die Raupen vieler heimischer Schmetterlinge wie Grüner Heufalter, Brombeer-Zipfelfalter, Senfweißling sowie Bläulinge, Dickkopffalter und Widderchen. Ein Muss für eine Blumenwiese! Blütezeit Mai bis August.

③ Tüpfel-Johanniskraut

Diese dekorative Staude mit den sonnengelben Blüten bietet Honig- und Wildbienen sowie Schwebfliegen reichlich Pollennahrung an. Einfach zu kultivieren. Blütezeit Juni bis September.

④ Bunte Kronwicke

Noch ein Muss unter den Insektenpflanzen: Die hübschen Blüten werden von Schmetterlingen, Bienen und Hummeln besucht, die Samen von Grünfinken und Hänflingen gefressen. Sie ist zudem eine der wichtigen Raupenfutterpflanzen für verschiedene Bläulinge, Widderchen, Dickkopffalter und Heufalter. Blütezeit Mai bis Juli.

⑤ Mädesüß

Unglaublich viele Insekten fliegen die stark duftenden gelblich weißen, pollenreichen Scheibenblüten an – allerdings werden Sie Schmetterlinge vergeblich suchen, denn die Blüten enthalten keinen Nektar. Sehr dekorativ auf feuchten Böden, etwa am Gartenteichrand. Vermehrt sich rasch. Blütezeit Juni bis August.

⑥ Rainfarn

Jedes gelbe Blütenkörbchen besteht aus rund 100 Röhrenblüten mit kurzen Kronröhren, in denen sich viele Kleininsekten leicht am Nektar und Pollen bedienen können. Alte Bauerngartenpflanze. Blütezeit Juli bis September.

⑦ Sal-Weide

Dieser Strauch oder kleine Baum blüht sehr früh und überaus reichlich im Jahr (März bis April) – darum gehört er zu den wichtigsten Insektenpflanzen im zeitigen Frühjahr, der Honig- und Wildbienen nährt. Von den Blättern ernähren sich die Raupen wunderschöner Schmetterlinge wie Abendpfauenauge, Großer Fuchs, Großer Schillerfalter und Trauermantel. Gehört in jeden Garten!

⑧ Wasserdost

Bienen und Schmetterlinge besuchen die mit reichlich Nektar und Pollen ausgestatteten Blüten des Wasserdosts, der wegen seiner späten Blütezeit (Juli bis September) und seines Blütenreichtums zu den wichtigen Insektenblumen gehört. Da er bis zu 1,5 m hoch wird, eignet er sich als Gruppenpflanze für den sonnigen bis halbschattigen Hintergrund von Beeten. Sät sich selbst aus.

Gräser:

⑨ Wiesen-Knäuelgras *(Dactylis glomerata)*

Das hochwüchsige Gras (0,3–1,2 m) mit den attraktiven Ährchenknäueln ist eine Futterpflanze für die Raupen verschiedener Dickkopffalter und des Mauerfuchses.

⑩ Pfeifengras *(Molinia caerulea)* (ohne Bild)

Bis zu 2 m hoch wird das in dichten Horsten wachsende Pfeifengras mit den langen, knotenlosen Stängeln. Futterpflanze für die Raupen zahlreicher Falter wie Waldbrettspiel, Brauner Waldvogel, Mohrenfalter, Dickkopffalter und viele mehr.

⑪ Wiesen-Rispengras *(Poa pratensis)* (ohne Bild)

Dieses anspruchslose, strapazierfähige Gras mit den zarten Blütenrispen ist auch in zahlreichen Rasensamenmischungen enthalten. Es dient verschiedenen Schmetterlingsraupen (Schachbrettfalter, Kleines Wiesenvögelchen, Ochsenauge etc.) als Futterpflanze.

Projekte für Vögel

Amsel, Drossel, Fink und Star und die ganze Vogelschar ... Vögel sind wichtige Partner im Gleichgewicht der Natur und erfreuen Herz und Seele. Schaffen Sie den gefiederten Freunden ein Zuhause in Ihrem Garten.

Ein Garten für Vögel

Vögel singen, Vögel besuchen Futterhäuser, Vögel lassen sich überall leicht beobachten, Vögel erfreuen uns – kein Wunder, dass sie zu den beliebtesten Wildtieren gehören. Sie können einiges tun, damit sich viele verschiedene Vögel in Ihrem Garten wohlfühlen.

OBEN: Kohlmeise und Rotkehlchen sind regelmäßige Gäste im Garten, Stieglitze besuchen im Herbst Karden und Disteln.

Um aus Ihrem Garten ein Vogelparadies zu machen, bilden Bäume und dichte Sträucher eine strukturreiche Kulisse, in denen sich die Vögel verstecken, nisten und ruhen können. Wenn Sie dazu heimische Gehölze, Stauden und Blumen wählen, können sich die Vögel nicht nur an den Knospen, Samen und Früchten satt essen, sondern Sie locken auch noch jede Menge Insekten und andere Kleintiere an – diese sind wichtige Vogelnahrung, vor allem in der Brutzeit zur Aufzucht der Küken.

Noch mehr Kleinstrukturen und Angebote für den vogelfreundlichen Garten:

- Überziehen Sie kahle Mauern und Wände mit dichten Kletterpflanzen.
- Schaffen Sie Insektenparadiese wie Blumenwiese, Komposthaufen, Holzstapel und mehr (siehe Kapitel 2).
- Lassen Sie Grasinseln in der Rasenfläche stehen; an den Gräsersamen bedienen sich Stieglitze und andere Feinkörnerfresser, während Amseln und Stare auf den kurz gemähten Flächen Regenwürmer erbeuten. Ameisen dienen Grünspechten als Nahrung.
- Schaffen Sie Nistmöglichkeiten für Höhlenbrüter und Halbhöhlenbrüter (mehrere Nistkästen aufhängen) sowie dichtes Gebüsch für Freibrüter (Nisttaschen).
- Bieten Sie Vogelfutter an, vor allem während der Brutzeit. Am besten legen Sie mehrere Futterstellen an, die aus Vogelhäuschen und Futterspender mit Streufutter (in Fett getränkte Haferflocken, Sonnenblumenkerne) und Fettfutter (als Meisenknödel) bestehen. Amseln freuen sich über geviertelte Äpfel, Rotkehlchen über getrocknete Rosinen, Zaunkönige für am Boden angebotene Mehlwürmer.
- Stellen Sie eine flache Vogeltränke auf, auch im Winter – das erspart den Vögeln weite Flüge zu Wasserstellen. Damit das Wasser nicht einfriert, können Sie an kalten Tagen die Tränke auf ein Wärmekissen stellen.
- Legen Sie zur Brutzeit Naturkalkstoffe wie Vogelgrit, Tintenfischschulp oder zerbrochene Hühnereischalen aus, damit sich die Vögel am Kalk bedienen können.

MEIN TIPP

Untersuchungen des Ornithologen Prof. Dr. Peter Berthold haben ergeben, dass ein 500 m² großer Naturgarten während eines Jahres nur so viel Nahrung liefert, dass drei Grünfinken satt werden! Darum sollten Sie ganzjährig Vögel füttern, und zwar mit qualitativ hochwertigem Vogelfutter.

Projekt: Grüne Wände für Vögel

Mit Efeu, Wildem Wein und anderen Kletterpflanzen erschaffen Sie an Mauern und Wänden lebendige Lebensräume für Vögel, natürlich auch für Insekten und andere Tiere. Wichtig: Prüfen Sie das Mauerwerk, es muss intakt sein!

Efeu und Wilder Wein benötigen keine Hilfe, um Wände oder Mauern emporzuklettern. Weil sie sich mittels Haftfüßchen oder Wurzelhärchen selbst festhalten, eignen sich diese Kletterpflanzen nur für intaktes Mauerwerk. Ist das Mauerwerk schadhaft oder feucht, der Verputz nur dünn oder die Fassade nur vorgehängt, so sollten Sie ein stabiles Kletter- oder Rankgerüst mit entsprechendem Abstand fest an der Wand anbringen. Für diese Gerüste eignen sich – je nach Standort – verschiedene Kletterpflanzen: Anemonen-Waldrebe, Weinrebe (Tafeltrauben), Klettertrompete, Wald-Geißblatt.

1 Wenn möglich, so pflanzen Sie Efeu, Wilden Wein oder andere Kletterpflanzen direkt in den Erdboden. Gehen Sie dabei so vor wie bei der Pflanzung eines Baums (siehe Seite 80/81). Bei fehlendem Erdreich am Mauerfuß setzen Sie die Kletterpflanzen in einen großen Kübel, den Sie an Ort und Stelle aufstellen.

2 Leiten Sie die Triebe zur Wand bzw. zum Klettergerüst.

3 Achten Sie darauf, dass die Kletterpflanzen nicht die Regenfallrohre, Regenrinnen, Lüftungsöffnungen, Rollladenkästen, Jalousien etc. umwachsen; schneiden Sie dort regelmäßig kräftig zurück.

4 Versorgen Sie die Kletterpflanzen mit ausreichend Wasser, jährlich im Frühjahr mit reifem Kompost düngen.

MEIN TIPP

Efeu ist bestens zur Wandbegrünung geeignet. Er ist pflegeleicht, kommt mit sonnigen bis schattigen Plätzen zurecht. Im dichten Geäst finden Vögel gute Verstecke zum Ruhen und Nisten, vor allem Amseln, Grauschnäpper, Rotkehlchen und Zaunkönig. Die Blüten werden im Herbst von Bienen umschwärmt, die im Winter heranreifenden Früchte sind wertvolle Winternahrung für Vögel.

Material

- Kletterpflanzen Efeu oder Wilder Wein
- evtl. stabiles Rank- oder Klettergerüst

Projekt: Nisttasche für Freibrüter

Wenn dichte Sträucher und hohe Hecken fehlen, finden Grasmücken, Gimpel, Hänfling und andere Frei-im-Strauch-Brüter keine geeigneten Nistplätze. Eine am Stamm angebrachte Nisttasche hilft: In deren Schutz können die Vögel ihr Nest bauen.

Für die Nisttasche sind Fichtenäste weniger geeignet, da sie schnell die Nadeln verlieren.

1 Bündeln Sie die Äste.

2 Binden Sie die Äste auf der wetterabgewandten Seite (meist Südostseite) eines dickeren Baumstamms mit der Juteschnur so in Kopfhöhe an, dass die Astspitzen nach unten weisen.

3 Biegen Sie die Astspitzen nach oben, sodass sich in der Astmitte eine gebauchte Nisttasche bildet. Binden Sie die Astspitzen ebenfalls mit Juteschnur am Stamm fest.

4 Streunen Katzen durch den Garten, so schützen Sie die Brut mit einem Katzenabwehrgürtel, den Sie um den Stamm anlegen. Dieser Drahtgürtel hindert Katzen daran, den Stamm hochzuklettern.

5 Damit der Baumstamm ungehindert sein Dickenwachstum vollziehen kann, sollten Sie die Nisttasche nach der Brutzeit im September entfernen. Bringen Sie diese im kommenden Jahr mit frischen Ästen neu an.

Gibt es in Ihrem Garten keinen geeigneten Baumstamm, so binden Sie das Bündel aus Koniferenästen mit Juteschnur zu einer Tasche zusammen. Hängen Sie die Nisttasche dann an der Schnur ins Geäst.

MEIN TIPP

Auch in Sträuchern entstehen ganz einfach Nistplätze. Dazu binden Sie im ausgehenden Winter mehrere Äste zu einem Quirl zusammen, sodass oberhalb ein Nistplatz entsteht. Erschaffen Sie solche Nistplätze auch in Bodennähe, denn dort bauen Heckenbraunelle, Rotkehlchen, Zaunkönig und Zilpzalp ihre Nester. Nach der Brutzeit entfernen Sie die Juteschnüre.

Material

- ca. 1 m lange Äste von Kiefern oder Tannen
- Juteschnur

Bester Zeitpunkt

- Spätwinter

Projekt: Nistmaterial anbieten

Im Frühjahr zur Brutzeit benötigen Vögel nicht nur Äste, Zweige und Halme zum Nestbau, sondern auch jede Menge weiches Polstermaterial. Damit die ohnehin stark beschäftigten Vogeleltern bei der Suche nicht weit fliegen müssen, bieten Sie Federn, Haare und Wolle einfach im Garten an.

1 Sammeln Sie weiches Nistmaterial: Haben Sie ein altes Kopfkissen, so können Sie die Federn verwenden. Vielleicht gibt es in der Nähe einen Hühnerhof, wo Sie die Federn erhalten können. Oder Sie haben Rohwolle von Strick- oder Filzarbeiten übrig, die Sie den Vögeln spenden. Wenn Sie im Frühjahr einen Pferdehof besuchen, können Sie dort die ausgekämmten Haare sammeln – sie werden gern von Vögeln verwendet. Zu ausgekämmten Hunde- und Menschenhaaren (z. B. vom Frisör) hingegen gibt es unterschiedliche Beobachtungen.

2 Biegen Sie die Zweige so um das Nistmaterial, dass es gehalten wird.

3 Haben Sie keine passenden Zweige zur Hand, so können Sie das Nistmaterial auch in ein leeres Mandarinen-, Orangen-, Zwiebel- oder Meisenknödelnetz füllen. Binden Sie das Netz zu, versehen Sie es mit einer Schnur und evtl. einem Regenschutz (Rindenstück, in das Sie ein Loch bohren, um die Schnur durchzufädeln).

4 Stecken Sie den Nistmaterialspender zwischen Pflanzen in den Boden oder hängen Sie ihn ins Geäst von Bäumen oder Sträuchern. Wenn Sie im Herbst die Nisttasche putzen, achten Sie mal darauf, ob das von Ihnen gespendete Nistmaterial mit eingebaut wurde. Das wäre doch ein schöne Entdeckung.

MEIN TIPP

Bieten Sie auch zur Brutzeit den Vögeln reichlich Vogelfutter an und Wasser in einer flachen Tränke. Das Vogelfutterangebot besteht aus Sonnenblumenkernen, Meisenknödeln und anderem Fettfutter.

Material

- Zweige
- Federn (z. B. von einem alten Kopfkissen), Schafwolle, Haare, Moos

Bester Zeitpunkt

- März bis Juli

Projekt: Lehmbeet für Schwalben

Zwar lautet die Maxime in Natur und Garten, dass der Erdboden keine Sonne sehen will – aber eine Bodenstelle sollten Sie dennoch offen und feucht halten. Sorgen Sie dort für lehmigen Boden, an dem sich die Rauch- und Mehlschwalben mit Nistmaterial für die typischen Lehmnester bedienen können.

Lehm ist eine Mischung aus Tonkristallen (wie Kaolin) und Sand. Dass Lehm ein gutes Wohnklima erzeugt, wissen nicht nur Schwalben und Termiten, sondern auch Menschen. Darum wird Lehm bei uns auch in Form von Lehmsteinen, Lehmbauplatten und Lehmputzen als Naturbaustoff für Wohnungen verwendet. Lehm fungiert alternativ zur Teichfolie auch als natürliches Dichtungsmaterial beim Bau von Teich oder Bachlauf.

1 Wählen Sie eine Bodenstelle aus, die Sie offen belassen möchten – das kann am Rand eines Beetes sein oder ein Wegstück in der Blumenwiese.

2 Haben Sie einen lehmigen Boden, so haben Sie es einfach: Sorgen Sie dafür, dass die Bodenstelle offen bleibt – dazu entfernen Sie regelmäßig den Bewuchs.

3 Bei allen anderen Böden heben Sie eine Kuhle in den Boden. Legen Sie die Kuhle mit einer 10–20 cm dicken Schicht Lehm aus. Befeuchten Sie den Lehm.

4 Halten Sie den Lehm feucht, etwa durch regelmäßiges Begießen. Dabei können Sie auch kleine Vertiefungen als Pfützen anlegen – Vögel trinken hier gern.

5 Beobachten Sie, welche Tiere die offene Lehmstelle besuchen. Es sind nicht nur Schwalben, sondern auch Amseln und andere Vögel – sie polstern mit dem Lehm ihr Nest aus. Im Sommer finden sich dann viele Schmetterlinge ein, die dort lebenswichtige Mineralien tanken.

MEIN TIPP

Hängen Sie unter der Dachtraufe auch Mehlschwalbennistkugeln und in offen zugänglichen Gebäudeteilen wie Stall, Gartenhaus und Scheune kleine Brettchen als Nisthilfe für die Rauchschwalben auf. Darunter angebrachte Bretter schützen die Fassade vor Vogelkot.

Material

- erdfeuchter Teich- oder Stampflehm

Bester Zeitpunkt

- März bis Oktober

Unten: Eine Truppe Mehlschwalben bedient sich am Lehm für den Nestbau.

Projekt: Hausbaum pflanzen

Wenigstens ein richtiger Baum gehört in jeden Garten – und ein Laubbaum sollte es unbedingt sein! Für den kleinen Garten bieten sich kleinkronige Laubbäume an, die von Natur aus niedrig bleiben oder wie Obstbäume geschnitten werden können, im großen Garten wählen Sie am besten eine Eiche oder Linde.

1 Baumart wählen: Achten Sie neben der Wuchsform und Höhe auch auf die Standortbedingungen wie Boden, Klima, pH-Wert und evtl. Staunässe in Ihrem Garten.

2 Standort wählen: Beachten Sie, dass alle Gehölze die gesetzlich vorgeschriebenen Grenzabstände einhalten müssen; dabei ist entscheidend der Abstand von der Stammmitte zur Grundstücksgrenzlinie. Erkundigen Sie sich bei der Gemeinde- oder Stadtverwaltung.

3 Wässern Sie vor der Pflanzung die Wurzeln des Gehölzes mindestens 15 Minuten lang, besser tauchen Sie sie eine Stunde in einem ausreichend großen Gefäß.

4 Heben Sie ein Pflanzloch aus, das ein Drittel bis doppelt so groß wie der Wurzelballen ist. Mischen Sie die Aushuberde mit reifem Kompost und geben Sie pro Liter Erde noch 3 g Hornspäne hinzu.

5 Lockern Sie die Sohle des Pflanzlochs.

6 Lösen Sie bei Ballenpflanzen die Verknotung des Ballentuchs, belassen es aber um den Ballen. Bei Containerpflanzen entfernen Sie vorsichtig den Container.

7 Setzen Sie den Wurzelballen so tief ins Pflanzloch, wie er im Container oder in der Baumschule gestanden hat. Füllen Sie mit der aufbereiteten Erde auf (dabei rütteln Sie hin und wieder am Stamm), pressen Sie den Wurzelballen gut an und wässern durchdringend. Gießrand nicht vergessen!

8 Setzen Sie in der Hauptwindrichtung (meist West/Nordwest) fußbreit vom Stamm entfernt einen stabilen Baumpfahl, den Sie mit Kokosstrick in einer Achterschlaufe am Stamm fixieren.

MEIN TIPP

Diese Bäume eignen sich für Vorgärten und für kleine Gärten: Feld-Ahorn, Apfel, Hänge-Birke, Birne, Elsbeere, Kupfer-Felsenbirne, Hainbuche, Baum-Hasel, Schwarzer Holunder, Kirschpflaume, Traubenkirsche, Vogelbeere (Eberesche).

Material

- Baum (wurzelnackte Pflanzware, Ballen- oder Containerpflanze)

Bester Zeitpunkt Pflanzung

- Oktober/November, bewölkter Tag

Projekt: Gemischte Wildstrauchhecke

Eine Einfassung des Grundstücks mit einer Hecke aus Wildsträuchern schützt vor Lärm, Staub, Abgasen, Wind und neugierigen Blicken. Wenn Sie dazu heimische Laubgehölze wählen, bietet die Hecke – frei wachsend oder geschnitten – zudem Vögeln, Insekten und anderen Tieren einen geschützten, nahrungsreichen Lebensraum.

1 Sichten Sie den Standort, denn bei der Pflanzung von Gehölzen müssen die gesetzlich vorgeschriebenen Grenzabstände eingehalten werden. Erkundigen Sie sich noch in der Planungsphase bei der Gemeinde- oder Stadtverwaltung.

2 Planung: Wenn es der Platz zulässt, sollten Sie sich für eine zweireihige Wildstrauchpflanzung entscheiden. Eine einreihige Schnitthecke hat den geringsten Platzbedarf, ökologisch besser wäre aber eine einreihige frei wachsende Hecke.

3 Gehölzwahl: verschiedene heimische Wildsträucher wie Feld-Ahorn, Kupfer-Felsenbirne, Hainbuche, Blutroter Hartriegel, Haselnuss, Kornelkirsche, Liguster, Pfaffenhütchen, Gemeiner Schneeball, Traubenkirsche und Sal-Weide, dazu ein (!) immergrüner Nadelstrauch (z. B. Eibe, Gemeiner Wacholder). Achten Sie auch auf mit Dornen oder Stacheln bewehrte Sträucher (Berberitze, Kreuzdorn, Hunds- oder andere Wildrose, Schlehe, Stechpalme, Weißdorn), in denen gern Vögel nisten. Die meisten der genannten Sträucher sind schnittverträglich.

4 Pflanzung: Verteilen Sie die Sträucher auf der Fläche. Bei einreihiger Pflanzung halten Sie einen Abstand zwischen den Sträuchern von 1 m ein, bei zweireihiger Zickzack-Pflanzung von 70 cm.

5 Pflanzen Sie die Sträucher wie auf Seite 80/81 beschrieben.

MEIN TIPP

Egal ob frei wachsend oder Schnitthecke – bei Heckenpflege und -schnitt fällt jede Menge Gehölzschnitt an, den Sie als Reisighaufen schichten können. Wenn Sie bei der Schnitthecke jedes Jahr nur eine Seite schneiden, können sich auf der anderen Blüten und Früchte bilden.

Material

- Gehölze (wurzelnackte Pflanzware, Ballen- oder Containerpflanze), z. B. Blutroter Hartriegel, Hasel und Weißdorn

Bester Zeitpunkt

- Oktober bis November, frostfreie Tage wählen

Projekt: Sonnenblumen satt

Bevor die Sonnenblumensamen in den riesigen Blütenköpfen reif werden, sind sie schon aufgefressen – Grünfinken und andere Vögel stehen nämlich auf den milchreifen Sonnenblumenkernen. Grund genug, diesen einjährigen, bis zu 3 m hohen Blumen etwas Platz im Garten zu geben, etwa am Grundstückszaun entlang.

1 Standort wählen: Sonnenblumen brauchen einen sonnigen Platz, der vor allem den großen Sorten etwas Schutz vor Wind bieten sollte, etwa an einem Zaun oder vor einer Wand.

2 Sonnenblumensäen geht ganz einfach: Stecken Sie dazu im Mai je einen Sonnenblumensamen ein paar Zentimeter tief in die Erde, die Sie zuvor mit reifem Kompost versorgt haben. Halten Sie bei großen Sorten einen Abstand von 20–30 cm, kleine Sonnenblumensorten säen Sie dichter aus. Sind Spätfröste angesagt, sollten Sie die kleinen Keimpflanzen mit Laub schützen.

3 Alternativ können Sie die Sonnenblumen ab März auch drinnen vorziehen. Mitte Mai setzen Sie die vorgezogenen, 5–10 cm hohen Blumen dann im Freien an den endgültigen Platz.

4 Sorgen Sie für eine gute Wasserversorgung, denn Sonnenblumen benötigen ausreichend Wasser, vor allem in heißen, trockenen Perioden. Als Düngergaben eignet sich Brennnesseljauche. Die Stangel großer Sonnenblumen können Sie auch mit Bambusstäben vor dem Umfallen oder Abknicken schützen.

5 Abgeblühte Sonnenblumen lassen Sie stehen, damit sich die Vögel bedienen können. Möchten Sie Samen für die Aussaat im nächsten Jahr gewinnen, so sollten Sie eine Sonnenblume gleich nach der Blüte mit einem Netz schützen. Die Samen lagern Sie an einem trockenen, frostsicheren Platz.

MEIN TIPP

Säen Sie doch einfach ein paar Sonnenblumensamen aus dem Vogelfutter aus.

Material

- Sonnenblumensamen

Bester Zeitpunkt

- Mai

Unten: Wenn Sie die Sonnenblumensamen selbst ernten möchten, müssen Sie schnell sein – und die Blütenköpfe vor den hungrigen Vögeln schützen.

2

3

4

5

6

7

8

9

10

Nist- und Nährgehölze für Vögel

① Faulbaum (ohne Foto)

Fliegen, Bienen und Falter besuchen gern die unscheinbaren, aber nektarreichen Blüten dieses bis zu 3 m hohen heimischen Strauches. Die Blätter sind Nahrung für die Raupen von Bläulingen, Zitronenfalter und anderen Faltern, die während der Brutzeit von Vögeln gesammelt werden. Drosseln und andere Vögel fressen spät im Jahr die alternden Früchte (giftig).

② Kupfer-Felsenbirne

Die Felsenbirne ist ein hübscher Strauch mit beerenartigen süßen Früchten. Um sie zu ernten, müssen Sie früh aufstehen – denn Vögel fallen gern über die reifen Apfelfrüchte her. Im April/Mai locken die nektarreichen Blüten viele Insekten an.

③ Wald-Geißblatt *(Lonicera periclymenum)*

Im August/September reifen die erbsengroßen, giftigen Früchte heran, die von Kernbeißern, Wacholderdrosseln, Gimpeln und anderen Vögeln verzehrt werden. Langrüsselige Insekten, vor allem Nachtschwärmer, saugen Nektar an den duftenden Lippenblüten, Raupen fressen Blätter.

④ Blutroter Hartriegel *(Cornus sanguinea)*

Dieser heimische Wildstrauch mit den attraktiv roten Zweigen sollte in keinem Garten fehlen, denn seine kleinen Steinfrüchte (ungenießbar) nähren 24 verschiedene Vogelarten. Die weißen Blüten (Mai bis Juni) locken Insekten an, die Blätter sind Futterpflanzen von Zipfelfaltern und Bläulingen.

⑤ Liguster

Dieser Wildstrauch wird gern als Schnitthecke gepflanzt – regelmäßiger Schnitt verhindert aber die Bildung von nektar- und pollenreichen Blüten (Bienenweide) und schwarzen Steinfrüchten, die gern von Mönchsgrasmücken, Gimpeln, Grünfinken, Amseln, Seidenschwänzen verzehrt werden, vor allem im späten Winter.

⑥ Pfaffenhütchen

Weil Rotkehlchen über die orangegelben, fetthaltigen Samen in den roten, giftigen Früchten herfallen, wird das heimische Pfaffenhütchen auch »Rotkehlchenbrot« genannt. Auch Meisen, Amseln und andere Drosseln mögen die Früchte. Der lockere Wildstrauch trägt im Mai/Juni unscheinbare nektarreiche Blüten, die Schwebfliegen, Blaubockkäfer, Honig- und Sandbienen anlocken.

⑦ Hunds-Rose

Diese heimische Wildrose ist eine wertvolle Insekten- und Vogelnährpflanze. Rosenkäfer, Bienen, Hummeln, Grabwespen und viele andere Insekten sammeln den reichhaltigen Pollen. Die Raupen des Kleinen Nachtpfauenauges fressen die Blätter, die auch von Blattschneiderbienen für die Brutzellen genutzt werden. Von den roten Hagebuttenfrüchten ernähren sich Grünfinken, Kernbeißer, Gimpel und andere Vögel.

⑧ Stechpalme

Der immergrüne Wildstrauch mit den typischen Blättern öffnet im Mai/Juni die unscheinbaren, nach Honig duftenden nektarreichen Blüten, eine wichtige Bienenweide im Frühsommer. Rotkehlchen, Drosseln und andere Vögel fressen nach den ersten Frösten die roten, giftigen Früchte, im Geäst finden sie zudem Schutz, Deckung und gute Nistplätze.

⑨ Anemonen-Waldrebe *(Clematis montana)*

Diese wuchsstarke Kletterpflanze fällt im Mai/Juni durch die hübschen, zart duftenden Blüten (Bienenweide) auf. Im dichten Geäst brüten Vögel, die sich auch von den typischen Nussfrüchten ernähren. Benötigt wie alle Clematis eine Kletterhilfe und einen schattig-kühlen Wurzelbereich.

⑩ Weißdorn

Honig- und Wildbienen umschwirren im Mai/Juni die weißen Blüten des dornigen Wildstrauchs (Vogelschutzgehölz), die auch von Blumenfliegen, Schmetterlingen, Käfern und anderen Insekten besucht werden. Die Blätter ernähren die Raupen von Segelfalter, Baumweißling und Widderchen, die kleinen Apfelfrüchte Vögel und andere Tiere.

2

3

4

5

6

7

8

9

10

Pflanzen für Feinkörnerfresser

① Hänge-Birke, (ohne Foto)

Die 8–25 m hohe anmutige Hänge-Birke mit weißem Stamm eignet sich als Vogelnährbaum in Einzelstellung oder kleinen Gruppen. Sie bietet Hunderten von Insektenarten einen Lebensraum, von den feinen Samen ernähren sich über 30 verschiedene Vogelarten.

② Argentinisches Eisenkraut *(Verbena bonariensis)*

Unermüdlich von August bis Ende Oktober blühen die lavendelblauen Blütendolden an bis zu 1,5 m hohen Stängeln, die von Bienen besucht werden. Von den feinen Samen ernähren sich Stieglitze und andere Feinkörnerfresser im Winter – wenn Sie die abgeblühten Stauden erst im Frühjahr nach dem letzten Frost zurückschneiden. Boden im Winter als Frostschutz mit Rindenmulch abdecken.

③ Schwarz-Erle

Im Winter fallen Finken, Erlen- und Birkenzeisige in Trupps in der Baumkrone der Schwarz-Erle ein, um die ölreichen Früchte aus den Zapfen zu picken. Dieser heimische, 10–20 m hohe Baum gedeiht auch auf nassem Boden.

④ Berg-Flockenblume *(Centaurea montana)*

Diese Wildstaude wächst in den Gebirgen Mittel- und Südeuropas, gedeiht aber auch im Garten in tieferen Lagen. Von Mai bis Juli besuchen bestäubende Insekten die großen Blüten, die viele kleine Samen bilden. Wenn diese nicht von Vögeln gefressen werden, samen sie sich gut selbst aus.

⑤ Lavendel

Laub und Blüten des beliebten Halbstrauchs aus dem Mittelmeerraum duften intensiv. Bienen, Hummeln, Schwebfliegen, Tag- und Nachtfalter besuchen die Blüten – diese Insekten werden auch von Vögeln gefressen. Lässt man die Blütenstände ausreifen, so können sie sich auch an den Samen bedienen. Braucht einen sonnigen, trockenen Platz. Rückschnitt erst nach den letzten Frösten im Frühjahr.

⑥ Zitronen-Melisse

Von Mai bis September sind die kleinen weißen Lippenblüten eine ergiebige Bienen- und Schmetterlingsweide (auch für Nachtfalter). Daneben ist die zuverlässig winterharte, duftende Zitronen-Melisse eine gute Vogelnährpflanze. Lassen Sie die Pflanze zum Blühen kommen.

⑦ Gewöhnliche Nachtkerze

Trotz ihrer neuweltlichen Herkunft haben sich Nachtkerzen gut bei uns integriert. Die gelben Blüten werden vor allem von Nachtfaltern, aber auch von Bienen und anderen Bestäubern besucht, die ölhaltigen Samen bieten Stieglitzen und anderen Vögeln eine wertvolle Kost bis ins Frühling hinein. Aus den weit verstreuten Samen keimen neue Pflanzen.

⑧ Teufelsabbiss *(Succisa pratensis)*

Es wird Zeit, dass diese hübsche heimische Wildstaude aus ihrem Schattendasein herauskommt und einen festen Platz im Garten erhält – ganz einfach mittels Aussaat. Die ungemein nektar- und pollenreichen Blüten (Blütezeit Juli bis September) werden von Unmengen an Bienen, Schwebfliegen und Schmetterlingen besucht, die Samen von Vögeln gefressen.

⑨ Wegwarte

Im Juli und August blüht die 30–150 cm hohe Wegwarte, die sonnig-trockene Stellen mag. Jede Blüte ist nur einen Vormittag geöffnet, schon am Nachmittag färbt sie sich welkend in Weiß um. Doch am nächsten Tag erblühen neue Blüten. Sie werden von Wildbienen, vor allem der Dosenbiene, und von Schwebfliegen besucht. Vögel ernähren sich von den Samen.

⑩ Acker-Witwenblume *(Knautia arvensis)*

Für blütenbesuchende Insekten (Honig- und Wildbienen, Schmetterlinge, vor allem Widderchen) ist die Witwenblume ein Nektarparadies. Vögel fressen die winzigen Nussfrüchte.

Projekte für Igel & Co.

Im Garten ist noch Platz für viel mehr Tiere, für Insekten fressende Igel, Spitz- und Fledermäuse und auch für Eidechsen und Blindschleichen. Mit wenigen Handgriffen können Sie gezielt attraktive Nischen für diese Tiere in Ihrem Garten schaffen – und sich dann an deren Anwesenheit erfreuen.

Ein Garten für Igel, Haselmaus, Eidechsen & Co.

Im tierfreundlichen Garten stellen sich neben Vögeln und Insekten noch viele andere Tiere ein: Igel, Eichhörnchen (wenn es Bäume gibt), Spitz- und Fledermäuse gehören ebenso dazu wie Blindschleichen, bei zusagenden Standorten auch Eidechsen, Kröten und andere Lurche.

OBEN: Siebenschläfer, Haselmaus und Blindschleiche sind im Garten willkommen!

Betrachten Sie Ihren Garten mit der Tierbrille: Gibt es genügend pflanzliche und tierische Nahrung, genügend Unterschlupf- und Schutzmöglichkeiten? Mit einer Vielfalt an heimischen Pflanzen – Blumen, Gräser, Gehölze – in strukturreicher Anlage haben Sie schon viel getan.

Checken Sie die Liste:

Für Igel, Blindschleiche, Zauneidechse

- Verzichten Sie auf Schneckenkorn.
- Verkürzen Sie die Stufenhöhe bei in den Keller führenden Außentreppen mit Ziegelsteinen, die Sie an den Rand jeder Stufe legen.
- Decken Sie Kellerschächte und andere Fallen sorgfältig ab, damit kein Kleintier hineinfallen kann.
- Legen Sie ein paar Dachziegel an einen schattigen Platz als Tagesversteck für Blindschleichen. Auch Erdkröten und Grasfrösche verstecken sich dort gern.
- Schaffen Sie sonnige, fugenreiche Plätze, etwa eine unvermörtelte Natursteinmauer.

Für Fledermäuse, Spitzmäuse

- Pflanzen Sie nektar- und pollenreiche Blumen, um Insekten anzulocken. Lassen Sie den Rasen hochwachsen.
- Legen Sie einen Gartenteich mit einer flachen Uferzone an. Hier können die Tiere trinken oder sich selbst aus dem Wasser retten, falls sie in den Teich gefallen sind.

Für Siebenschläfer, Haselmaus

- Pflanzen Sie Obstbäume und Wildfruchtsträucher.
- Decken Sie Regentonnen ab, damit Kleinsäuger und Vögel nicht darin ertrinken.

MEIN TIPP

Zum nützlichen Maulwurf haben viele Gärtner ein gestörtes Verhältnis, sind die aufgeworfenen Maulwurfshaufen doch oft wirklich ärgerlich. Andererseits vertilgen Maulwürfe jede Menge Bodentiere, darunter auch wurzelfressende Engerlinge – und die Maulwurfhaufenerde ist eine hervorragende, lockere Aussaat-, Kräuter- und Blumentopferde. Vielleicht können Sie den Maulwurf so in einem anderen Licht sehen und ihn in Ihrem Garten tolerieren. Sie müssen ihn ja nicht anlocken …

Projekt: Mehr Regenwürmer

Von Regenwürmern ernähren sich Igel, Spitzmäuse, Amseln, Wacholderdrosseln, Erdkröten, Frösche, Feuersalamander, Laufkäfer und unzählige Tiere mehr. Regenwürmer ihrerseits fressen Blätter und vermodertes Pflanzenmaterial, das sie nachts von der Bodenoberfläche holen. Diese Regenwurmnahrung bieten Sie an – als Mulchschicht!

In der Natur gibt es (fast) keinen unbedeckten Boden, selbst an den unwirtlichsten Stellen wie Erdfugen in gepflasterten Gehwegen, millimetergroßen Spalten in Felsen oder losem Sand wachsen Pflanzen. Diese Bodenbedeckung ahmen Sie mit einer Mulchschicht aus organischen Materialien nach, in der unzählige Kleintiere einen Lebensraum finden. Weitere Vorteile: Mulch hält den Boden warm und feucht, verhindert den Wuchs unerwünschter Wildkräuter und Bodenverluste durch Wind und Wasser, reduziert die Verdunstung, düngt den Boden und führt zu höherer Ernte.

1 Bereiten Sie den Boden vor. Entfernen Sie unerwünschten Bewuchs und lockern Sie den Boden.

2 Bringen Sie reifen Kompost in den Boden, nicht mehr als 3 Liter pro Quadratmeter.

3 Bringen Sie die 3–5 cm hohe Mulchschicht aus: in regenreichen Zeiten fällt sie dünner aus als in trockenen.

4 Ergänzen Sie regelmäßig den Mulch, auch über den Winter, denn darin überwintern zahlreiche Kleintiere.

Ein paar Mulchtipps

- Verwenden Sie unerwünschte Wildkräuter nur vor der Blüte als Mulch, damit sich keine Samen ausbreiten können.
- Bringen Sie angetrockneten Rasenschnitt höchstens 3 cm dick aus.
- Verwenden Sie keinen Rindenmulch unter Rosen. Achten Sie auf die Herkunft des Rindenmulchs – kaufen Sie keinen aus tropischen Hölzern.
- Verzichten Sie auf Mulchfolien und Mulchvliese, die dem Boden keine Nährstoffe liefern und zudem giftige Stoffe enthalten können.

MEIN TIPP

Um Schnecken keine Chance zur Eiablage zu geben, sollten Sie den Boden stets humos und feinkrümelig halten. Mulchen Sie mit angetrockneten aromatischen Kräutern wie Borretsch, Lavendel, Salbei, Thymian, die von Schnecken gemieden werden.

Material

- Mulchmaterial wie angetrockneter Rasen- oder Blumenwiesenschnitt, Falllaub, Gemüse- und Pflanzenreste, Brennnesselblätter

Geeignete Flächen zum Mulchen

- alle Gemüse-, Blumen-, Kräuterbeete und -rabatten
- unter allen Bäumen und Sträuchern, auf Baumscheiben
- zwischen Obstkulturen

Unten: Freund und großer Gartenhelfer – der Regenwurm.

Projekt: Igel-Unterkunft

Den Tag und den ganzen langen Winter über verbringen Igel in einem geschützten Versteck. Dort kommen auch im Sommer die Igeljungen zur Welt. Neben Reisig- und Laubhaufen können Sie dem Igel auch solch eine komfortable Holzkisten-Unterkunft anbieten. Nicht stören!

1 Zeichnen Sie am oberen Rand einer der kurzen Seiten der Holzkiste eine Toröffnung, die 13 cm breit und 10–15 cm hoch ist. Sägen Sie die Toröffnung mit einer Stichsäge aus.

2 Lasieren Sie die Außenwände der Holzkiste, die Holzbretter und die Holzlatte mit umweltfreundlicher weißer Lasurfarbe. Natürlich können Sie das Holz auch unbehandelt lassen oder mit Acrylfarbe Ihrer Wahl streichen.

3 Drehen Sie die Holzkiste um und befestigen Sie über der Toröffnung die Holzlatte.

4 Suchen Sie im Garten einen geschützten schattigen Platz zwischen Sträuchern, Blumen und Kräutern. Verteilen Sie dort ein paar Handvoll Laubstreu und stellen Sie die Holzkiste umgekehrt auf.

5 Legen Sie die Holzbretter auf die Holzkiste und beschweren Sie sie mit Ästen und Reisig.

6 Tun Sie noch mehr für den Igel: Pflanzen Sie eine dichte Wildstrauchhecke mit lockerem Holzstapel, die dem Igel als natürlicher Rückzugsraum dient. Kehren Sie im Herbst das Falllaub unter die Sträucher und errichten Sie so mindestens einen großen Laubhaufen, der von Oktober bis in den April als Überwinterungsplatz bestehen bleibt. Schaffen Sie auch mindestens eine ca. 15 × 15 cm große Öffnung in der Umzäunung, damit der Igel Ihren Garten betreten kann. Dunkle Kotkrümel sind ein Zeichen, dass der Igel da war.

MEIN TIPP

Bieten Sie dem Igel vor allem im Frühjahr (April) und Herbst (Oktober) einen kleinen Imbiss an (geeignet sind: Katzennassfutter, Igeltrockenfutter, Weizenkleie, Haferflocken, ungesalzenes, ungewürztes Rührei). Auch rund um den Komposthaufen findet der Igel Insektennahrung.

Material

- Holzkiste, ca. 25 × 40 × 15 cm
- 3 Holzbretter, 10 × 45 × 1 cm
- 1 Holzlatte, 14 × 3 × 1 cm
- weiße Holzlasurfarbe
- 2 Schrauben

Projekt: Hohe Rasenstreifen

Um Tieren einen wiesenähnlichen Lebensraum einzurichten, muss es keine Blumenwiese sein: Lassen Sie einfach im Rasen Streifen, Inseln oder Flächen hoch wachsen, auf denen das Gras zum Blühen kommt. Und auf der restlichen Fläche sind Gänseblümchen, Weiß-Klee, Günsel und andere Wildblumen natürlich erlaubt.

1 Ein grüner Zierrasen ist der aufwendigst zu pflegende Bereich im Garten, wenn er schön kurz gehalten werden soll. Er bedarf auch den größten und teuersten Maschinenpark im Garten.

2 Sichten Sie die Rasenfläche und überlegen Sie, wie Sie sie nutzen. Als Spielwiese darf sie ruhig groß sein. In allen anderen Fällen verkleinern Sie die zu mähende Fläche: Mähen Sie sie regelmäßig nur noch dort, wo sie regelmäßig genutzt wird – dazu können Sie z.B. einen rasenmäherbreiten Streifen als Weg mähen, der Rest darf wachsen. Oder Sie lassen einzelne Inseln im Rasen stehen oder lassen geschwungene Grasränder stehen. Hübsch sieht es aus, wenn Sie eine Spirale auf die Rasenfläche mähen, zwischen der spiralförmige Partien mit hohem Gras stehen bleiben.

3 Die Bereiche mit hohem Gras mähen Sie zweimal im Jahr – einmal im Mai, das zweite Mal im September. Lassen Sie nach dem Mähen das Mähgut für ein paar Tage liegen, damit die darin lebenden Kleintiere auswandern können.

4 Pflanzen Sie Krokusse auf die Rasenflächen (siehe Seite 55), denn sie sind im Frühjahr wichtige Nahrungspflanzen für erste Insekten.

5 Ein duftender »Rasen« aus Thymian bleibt nicht nur schön kurz, sondern lockt auch noch jede Menge Insekten an.

MEIN TIPP

Pflanzen Sie Hornklee und andere Insektenblumen auf den Rasenflächen – das geht so einfach wie das Setzen von Blumenzwiebeln (siehe Seite 55). Wenn diese Blumen blühen, sollten Sie wegen der Bienen aber nicht barfuß laufen.

Unten: Thymian bildet auch an natürlichen Standorten große, duftende Teppiche, die im Sommer unermüdlich blühen.

Projekt: Nachtfalter-Futterbeet für Fledermäuse

Fledermäuse jagen im Dunkeln Stechmücken, Käfer und Nachtfalter. Die nachtaktiven Schmetterlinge können Sie mit nachtduftenden Schmetterlingsblumen anlocken und somit ein Jagdrevier für Fledermäuse schaffen.

1 Bereiten Sie die Pflanzfläche vor: Befreien Sie den Boden von Bewuchs und lockern Sie ihn mit Sauzahn, Kultivator, Gartenkralle oder Pendelhacke. Versorgen Sie den Boden mit 2–3 Liter reifem Kompost und ebnen Sie ihn mit dem Rechen ein. Der Boden muss locker und feinkrümelig sein.

2 Tauchen Sie die Töpfe mit den Pflanzen so lange in einen mit Wasser gefüllten Eimer, bis keine Luftblasen mehr aufsteigen. Gut durchfeuchtete Wurzelballen wachsen besser an.

3 Dann verteilen Sie die getopften Pflanzen auf der Fläche: Die hohen Phlox-Pflanzen stellen Sie im Zickzack in den Hintergrund des Beets, die niedrigeren Seifenkraut und Wegwarte im Wechsel auf die vordere Beethälfte.

4 Zum Pflanzen heben Sie ein Pflanzloch aus, das etwas größer ist als der Wurzelballen. Setzen Sie den gut gewässerten Ballen in das Pflanzloch, füllen Sie Erde nach und drücken Sie den Ballen gut an. Eventuell noch etwas Erde nachfüllen und gründlich wässern.

Noch mehr Nachtdufter:

Für den Garten: Borretsch, Duftlevkoje, Lichtnelke, Nachtkerze *(Oenothera odorata)*, Nachtviole *(Hesperis matrronalis)*, Türkenbundlilie, Waldhyazinthe
Schlingpflanzen und Sträucher: Mondwinde *(Ipomoea alba)*, Wald-Geißblatt, Hammerstrauch (Nachtjasmin, *Cestrum nocturnum*, im Kübel kultivieren)
Blumen für Kasten und Kübel: *Jaborosa integrifolia*, Nachtduftende Pelargonie *(Pelargonium gibbosum)*

MEIN TIPP

Legen Sie das Nachtdufter-Blumenbeet rund um einen Sitzplatz an. Abends, wenn die Blüten ihren herrlichen Duft verströmen, können Sie ihn auch genießen.

Material

- für 1 Quadratmeter
- Stauden-Phlox *(Phlox paniculata)*, 3 Seifenkraut *(Saponaria officinalis)*, 3 Wegwarte

Unten: Die Zweifarbfledermaus kommt auch in Siedlungen vor.

Projekt: Herbstfutter für kleine Säugetiere

Im Herbst futtern sich Haselmäuse, Siebenschläfer und andere kleine Säugetiere so richtig satt, um schlafend gut über den Winter zu kommen. Pflanzen Sie Geißblatt, Haselstrauch und andere Futterpflanzen für die putzigen Tierchen – natürlich lassen Sie die Früchte im Geäst hängen.

Das Wald-Geißblatt öffnet seine nachtduftenden Blüten von Juni bis August. Da sie ihren Nektar vor allem in den Abendstunden abgeben, locken sie viele Nachtfalter an – und die wiederum Fledermäuse.

1 Standort wählen: Suchen Sie einen halbschattigen Platz vor einer Wand, Mauer oder Pergola, an der sich das Geißblatt, ein dicht wuchernder Kletterstrauch, emporwinden kann.

2 Wässern Sie vor der Pflanzung die Wurzeln des Gehölzes 15–60 Minuten lang in einem ausreichend großen Gefäß.

3 Heben Sie ein Pflanzloch aus, das ein Drittel bis doppelt so groß wie der Wurzelballen ist. Mischen Sie die Aushuberde mit reifem Kompost und geben Sie pro Liter Erde noch 3 g Hornspäne hinzu. Lockern Sie die Sohle des Pflanzlochs.

4 Entfernen Sie vorsichtig den Container und setzen Sie den Wurzelballen so tief ins Pflanzloch, wie er im Container gestanden hat. Füllen Sie mit der aufbereiteten Erde auf (dabei rütteln Sie hin und wieder am Stamm), pressen Sie den Wurzelballen gut an und wässern Sie durchdringend. Gießrand nicht vergessen!

Noch mehr Futtergehölze für Kleinsäuger:
Gemeine Hasel (Strauch oder kleiner Baum) und Weißdorn für kleine Gärten, Rot-Buche, Stiel-Eiche, Ess-Kastanie und Walnuss für große Gärten.

MEIN TIPP

Siebenschläfer ruhen gern in Baumhöhlen, Haselmäuse in Erdhöhlen und Baumstümpfen – beide nehmen dazu aber auch Nistkästen an. Ein weiterer Grund, im Garten ein paar Nistkästen das ganze Jahr über aufzuhängen. Damit die kleinen Säuger sich darin wohlfühlen, entfernen Sie im September altes Nistmaterial und reinigen den Nistkasten gegebenenfalls mit lauwarmem Wasser und einer Bürste.

Material

- 1 Wald-Geißblatt *(Lonicera periclymenum)*

Unten: Weil eine Haselmaus Haselnüsse liebt, trägt sie diese Frucht auch im Namen.

Projekt: Kleine Trocken-Natursteinmauer

Aus unförmigen, nicht oder wenig bearbeiteten Natursteinen aus Ihrer Region bauen Sie eine Trockenmauer – ohne Mörtel, damit sich in den offenen Steinfugen Eidechsen und viele andere Tiere (und natürlich Pflanzen) ansiedeln können.

1 Erkundigen Sie sich, ob Sie für die geplante Mauerhöhe eine Baugenehmigung einholen müssen. Berechnen Sie die Statik (ziehen Sie evtl. einen Experten hinzu).

2 Fundament: Entfernen Sie den Oberboden, bis Sie den gewachsenen Boden erreicht haben (Minimum 20 cm, besser 40 cm tief). Das Fundament ist auch mindestens 20 cm breiter als die Mauerstärke. Das Fundament füllen Sie mit grobem Schotter und Kies auf.

3 Markieren Sie den Verlauf der Mauer mit Holzstäben und einer gespannten Schnur.

4 Schichten Sie die Steine so auf, dass sie eine Schräge von mindestens 10 Prozent zum Hang einnehmen. Wählen Sie stets den Stein, der optimal an den jeweiligen Platz passt. 25 Prozent der Steine sollten auch so lang wie die Mauerstärke sein und so als Binder von einer Seite zur anderen verlaufen. Verwenden Sie die größten Steine unten und an den Ecken. Beachten Sie beim Schichten, dass niemals mehr als drei Fugen zusammenstoßen dürfen – und jede Fuge einer Schicht muss von einem Stein der nächsten Schicht bedeckt sein.

5 Füllen Sie eine Dränage aus lockerem Sand, Kies oder Schotter hinter die Mauer, sodass das Regenwasser gut abfließen kann. Belassen Sie aber kleinere und größere Hohlräume für Tiere.

6 Bauen Sie besonders sorgfältig die Mauerkrone: Legen Sie schon vorab größere Steine beiseite oder kaufen Sie spezielle Abschlussnatursteine (Kronsteine, Mauerdeckel).

MEIN TIPP

Bepflanzen Sie die Spalten der Trockenmauer schon während des Baus mit Fetthenne und Mauerwurz und anderen geeigneten Pflanzen (siehe Seite 46/47). Dabei dürfen Sie aber niemals extra Platz für die Pflanzen lassen. Die Pflanzen kommen in die Lücken, die auf natürliche Weise beim Schichten entstehen.

Material

- unterschiedlich große Natursteine aus der Region
- Schotter oder Kies für das Fundament
- Sand, Kies oder Schotter als Dränage, evtl. auch Dränagerohre
- Holzstäbe und Schnur

Unten: Im Frühjahr zeigt sich das Zauneidechsen-Männchen besonders prachtvoll gefärbt.

1

2

3

4

5

6

7

8

10

Pflanzen für mehr Tiere im Garten

① Raublatt- und Glattblatt-Astern *(Aster novae-angliae, A. novi-belgii)*

Im Spätsommer bis in den Herbst hinein bringen die unzähligen Sorten der niedrigen bis hohen Astern Farbe und Leben in den Garten, denn Fliegen, Schwebfliegen, Bienen, Hummeln und Schmetterlinge besuchen die Blüten. Viele Kleintiere finden in den dichten Beständen einen Lebensraum. Ähnlich wertvoll: Kissen-Astern *(A. dumosus)*, Kahle Astern *(A. laevis)*, Lanzettblättrige Astern *(A. lanceolatus)*, Weidenblättrige Astern *(A. salignus)*.

② Färberkamille *(Anthemis tinctoria)*

Die gelben Blütenköpfe der Färberkamille bieten an sonnigen, offenen Standorten von Juni bis September Pollen und Nektar an, die von vielen Insekten besucht werden. Empfehlenswerte alte Färberpflanze.

③ Goldnessel, Taubnessel *(Lamium)*

An schattigen Plätzen, unter Sträuchern, am Gebüsch- und Wegrand bilden die Goldnesseln *(Lamium galeobdolon)* dichte Bestände, deren goldgelbe Lippenblüten von Mai bis September von Wild- und Honigbienen besucht werden. Ebenso wertvoll sind: Weiße, Gefleckte und Purpurrote Taubnessel *(L. album, L. maculatum, L. purpureum)*.

④ Gewöhnliches Leinkraut, Frauenflachs *(Linaria vulgaris)*

Das Leinkraut mit den gespornten Blüten bildet im Steingarten dichte Bestände, die Kleintieren einen geschützten Lebensraum geben. Kräftige Hummeln und größere Bienen, auch langrüsselige Schmetterlinge können die nektar- und pollenhaltigen Blüten besuchen, kleinere Arten beißen dazu den Sporn an. Von den Blättern ernähren sich verschiedene Nachtfalterraupen.

⑤ Wilde Möhre *(Daucus carota)*

Diese Wildblume, die Stammart unserer Gartenkarotte, darf in keinem Naturgarten fehlen. Die kleinen, nektar- und pollenhaltigen Blüten bilden weiße Dolden, die reichlich von Käfern, Fliegen und allerhand mehr Insekten besucht werden. Finken und andere kleine Vögel bedienen sich an den nestförmigen Fruchtständen.

⑥ Karthäuser-Nelke *(Dianthus carthusianorum)*

Unter den heimischen Nelkenarten bilden viele hübsche Horste an sonnigen Stellen, etwa im Steingarten. Die vom Sommer bis Herbst geöffneten Blüten werden von zahlreichen Faltern (Admiral, Dickkopffalter, Distelfalter, Kleiner Fuchs, Tagpfauenaugen, Weißlinge etc.), Bienen und anderen Insekten besucht. Weitere Arten sind: Bart-Nelke *(D. barbartus)*, Heide-Nelke *(D. deltoides)*, Stein-Nelke *(D. sylvestris)*.

⑦ Gewöhnliche Ochsenzunge *(Anchusa officinalis)*

Von Mai bis August sind die karminroten bis blauvioletten Blüten geöffnet, die dank hoher Nektargehalte eine wichtige Trachtquelle für Honig- und Wildbienen sind, aber auch von Schwebfliegen, Schmetterlingen und anderen Insekten besucht werden. Macht sich gut an sonnigen Stellen.

⑧ Salbei *(Salvia)*

Duftender Salbei, egal ob Steppen-Salbei *(S. nemorosa*, siehe Foto), Echter Salbei *(S. officinalis)*, Wiesen-Salbei *(S. pratense*, nur für sonnige Plätze) oder Muskateller-Salbei *(S. sclarea)* – Bienen und Hummeln besuchen von Mai bis September die nektarreichen Blüten in Scharen.

⑨ Gewöhnliche Schafgarbe *(Achillea millefolium)* (ohne Foto)

An trockeneren Stellen bildet sie dichte Bestände, die auch im Winter grün bleiben und daher gute Verstecke für allerlei Kleintiere sind. Die weißen Blütchen werden von Käfern, Fliegen, Bienen und anderen Insekten besucht. Die Gold-Schafgarbe *(A. filipendulina)* ist ähnlich wertvoll.

⑩ Blutroter Storchschnabel *(Geranium sanguineum)*

Blutroter, Stinkender, Wald- sowie Wiesen-Storchschnabel sind empfehlenswerte Insektenblumen für Sonne bis Halbschatten.

Projekte für Wassertiere

Kröten, Frösche, Molche, Libellen, Schwimmkäfer und viele andere Tiere sind auf stehendes Wasser angewiesen – mit der Anlage eines Gartenteichs bieten Sie ihnen einen Lebensraum und sich selbst einen Ort zum Entspannen und Naturbeobachten.

Leben am Gartenteich

Wasser gehört in jeden Garten. An diesem beliebten Treffpunkt kommen Tiere zum Trinken, Baden, Fortpflanzen oder leben dauerhaft darin. Wenn Sie keinen Platz für einen mindestens 1 m breiten, 2–3 m langen Gartenteich haben, stellen Sie doch wenigstens einen Miniteich (siehe Seite 123) oder eine Vogeltränke auf.

OBEN: Sagt der Standort zu, stellen sich bald die ersten Teichbewohner ein: Molche, Frösche und Libellen (hier ein Plattbauch).

Standort, Größe und Tiefe

Ein sonniger Platz mit mindestens 6 Stunden Sonnenschein am Tag sollte es sein. Unter Bäumen ist ein Teich wegen des Laubfalls ungünstig. Am natürlichsten sieht er aus, wenn Sie eine natürlich vorhandene Senke wählen – gibt es die nicht, legen Sie den Teich naturnah an der optisch tiefsten Stelle im Garten an. Die optimale Wasserfläche liegt bei 25–30 m^2. Wichtig: Kinderschutz!

An der tiefsten Stelle misst der Teich mindestens 1 m, besser 1,2 m, damit in dieser eisfreien Tiefe Tiere überwintern können. Der Teich führt mit einer flachen Böschung (Ufergefälle höchstens 1 zu 10 bis 1 zu 5) in die Tiefe und weist drei Tiefenbereiche auf: die Sumpfzone (bis zu 5 cm tief), die Flachwasserzone (bis zu 30 cm tief) mit reichlich Wasserpflanzen, die als Fortpflanzungsplatz für Amphibien und Kleinkrebse fungiert, und die tiefe Freiwasserzone (ab 30 cm Tiefe). Graben Sie die Teichfolie am Rand S-förmig geschlungen in den Boden ein.

Anlage

Im Vordergrund gibt es ein flaches Ufer zum Begehen aus Kies, Steinen, Natursteinplatten oder Holzplanken; dort können Sie den Teich genießen. Dort ragen Steine aus dem flachen Wasser hervor, die Vögeln und Insekten Landeplätze bieten (Tränke, Badeplatz). An den Seiten liegen die nicht begehbaren Sumpfzonen (siehe Seite 113) und Bereiche mit mittelhohen Pflanzen (siehe Seite 119). Eine ebenfalls nicht begehbare Schilfzone oder hohe Uferpflanzen (siehe Seite 117) bilden den Hintergrund. Verwenden Sie als Untergrund für Wasser- und Sumpfpflanzen feinen Kies, keine Erde. Bepflanzen Sie spärlich mit heimischen Sumpf- und Wasserpflanzen, die sich in den nächsten Jahren ausbreiten können. Ein Drittel der Teichpflanzen sind Unterwasserpflanzen (siehe Seite 125).

MEIN TIPP

Den Gartenteich beleben Sie, indem Sie ein paar Liter Wasser aus einem nahen Gewässer holen. So gelangen Wasserflöhe, Hüpferlinge und viele andere Mikroorganismen und Planktonkrebse in Ihren Teich.

Projekt: Sumpfbeet

Drei von vier Tümpeln und Kleingewässern sind bei uns verschwunden, wichtige Lebensräume für Pflanzen, Amphibien und viele Kleinstlebewesen. Auf ein paar Quadratmeter Fläche können Sie ein Sumpfbeet einrichten, das auch von Vögeln, Fledermäusen, Libellen, Bienen, Schmetterlingen und anderen Insekten besucht wird.

1 Wählen Sie einen sonnigen Platz im Garten, am besten an der (tatsächlich oder optisch) tiefsten Stelle.

2 Heben Sie dort eine Mulde mit rundum flacher Böschung aus, die an der tiefsten Stelle 50–90 cm tief ist. Die Mulde kann beliebig lang sein, sollte aber wegen einfacherer Pflege wie ein Beet höchstens 1,5 m breit sein.

3 Füllen Sie die Mulde mit einer 10 cm hohen Sandschicht, auf der Sie faltenlos das Vlies verlegen. Am Rand muss es die Mulde überragen.

4 Verlegen Sie glatt und faltenfrei die Teichfolie auf dem Vlies. Am Rand ragt sie ebenfalls über den Muldenrand hinaus.

5 Graben Sie Vlies und Folie 1–2 cm unterhalb des Bodenniveaus ein. So kann überschüssiges Wasser in den Boden ablaufen.

6 Füllen Sie nun eine 10 cm hohe Schicht aus feinem Kies (oder grobem Sand) auf die Folie. Soll auf der gesamten Fläche ein Sumpfbeet entstehen, so füllen Sie nun die gesamte Mulde bis etwa 10 cm unterhalb des Randes mit dem Substrat auf. Wünschen Sie in der Mitte des Sumpfbeets eine offene Wasserfläche, so füllen Sie das Substrat nur im breiten Randbereich.

7 Bepflanzen Sie nun das Sumpfbeet: In den Vordergrund setzen Sie niedrige Pflanzen, in den Hintergrund höhere, die tiefste Zone bleibt pflanzenfrei. Danach wird es mit Wasser gefüllt, am besten mit weichem Regenwasser aus der Zisterne.

8 Sorgen Sie für die permanente Zufuhr von kleinen Mengen an weichem Regenwasser, etwa durch Regenfass oder Zisterne mit Überlauf etc.

MEIN TIPP

Ein Moorbeet entsteht, wenn Sie eine spezielle Moorerde als Substrat wählen und mit Regenwasser füllen (auf keinen Fall kalkhaltiges Leitungswasser!). Darin gedeihen Pflanzenspezialisten wie Wollgras *(Eriophorum-*Arten) und Sumpf-Blutauge *(Potentilla palustris)*, am Rand z. B. Heidekraut.

Material

- Sand
- Gartenteich-Schutzvlies
- Teichfolie
- feiner Kies
- Substrat (Erdboden-Kompost-Mischung)
- niedrige Sumpfpflanzen: Kuckucks-Lichtnelke, Poleiminze, Bach-Nelkenwurz, Teufelsabbiss, Sumpf-Vergissmeinnicht, Sumpfdotterblume, Pfennigkraut
- hohe Sumpfpflanzen: Schilf, Blutweiderich, Eibisch, Mädesüß, Wilde Karde, Wasserdost, Sumpf-Schwertlilie, Flatter-Binse

Bester Zeitpunkt

- Anlage jederzeit, Bepflanzung ab Mitte Mai

Projekt: Tierfreundliches Ufer

Ein Gartenteich mit steilen Böschungen und Ufern gerät rasch zur tödlichen Tierfalle. Darum sind sanft abfallende, flache Uferzonen ein Muss – diese Stellen werden nicht nur von Vögeln und anderen Tieren als Tränke genutzt, sondern auch als Badeplatz. Freuen Sie sich auf spannende Naturbeobachtungen!

Neuanlage Gartenteich

1 Achten Sie bei Anlage und Aushub auf sanft abfallende Böschungen (Gefälle 1 zu 10 oder 1 zu 5). Ohne steile Ufer, senkrechte Mauer- oder Betonwände.

2 Planen Sie die Randzone sorgfältig und schaffen Sie ruhige, flache Uferbereiche. Berechnen Sie auch ausreichend Folie ein, da sie am Ufer rundherum mindestens 30 cm hinausragen muss. Hier bietet sich auch die Anlage eines 1–1,5 m breiten Sumpfbeets (siehe Seite 113) an.

Neuanlage und Nachbesserung

3 Schaffen Sie eine breite Flachwasserzone im zu steil abfallenden Teich mittels Natursteinen und groben Kieses.

4 Liegt die Folie in Wulsten, so kann auch sie zur Tierfalle werden. Zum Bedecken eignen sich in gebirgigen Landschaften breite Kies- und Steinstreifen, in allen anderen wirken Böschungsmatten aus Kokosfasern (manche weisen Pflanztaschen für Teichpflanzen der Flachwasserzone auf), Moosplatten (auf denen Sumpfpflanzen gedeihen) oder Rasen (achten Sie darauf, dass der Folienrand vom Gartenboden getrennt bleibt und als Kapillarsperre dient) natürlicher als ein breiter Kiesstreifen, den es in der Natur nur selten am Weiher- und Seeufer gibt.

5 Legen Sie an einer gut einsehbaren, offenen Uferstelle eine flache Tränke und Badestelle für Vögel mit Kies und ein paar flachen Natursteinen an. Hier kann auch ein schmaler Zugang zum Teich verlegt werden, etwa aus Natursteinplatten oder Holzbrettern, oder eine Holzplanken-Plattform für Beobachtungen.

6 Betreten Sie nur an wenigen Stellen das Teichufer. Belassen Sie den größten Teil des Ufers als Ruhezone für die Wassertiere und -pflanzen.

MEIN TIPP

Prüfen Sie, ob in den Teich gefallene Igel, Spitzmäuse und andere Tiere auch wieder herausgelangen. Dazu muss er mindestens eine flache Uferböschung, flache Trittsteine oder ein Brett aufweisen, das auch kurzbeinige Tiere erklimmen können. Achten Sie beim Kauf eines Fertigteichs auf einen breiten Flachwasserbereich, damit steile, glatte Wände nicht zur Tierfalle werden.

Material

- Böschungsmatte, Moosplatten
- grober Kies
- Natursteine, am besten aus der Region

Projekt: Schilfzone Gartenteich

In natürlichen Teichen übernimmt die Schilfzone eine wichtige Funktion bei der biologischen Reinigung des Wassers. Zudem belüften die Schilfhalme das Wasser – auch im Winter, wenn der Teich zugefroren ist. Das kommt allen Tieren zugute, die wie Wasserfrösche im Wasser überwintern.

1 Schilf und Rohrkolben wachsen im seichten Gewässer (Tiefe 5–30 cm). Da beide Arten sich an zusagendem Standort rasch mittels Ausläufer ausbreiten, setzen Sie diese Pflanzen unbedingt in große Plastikkübel, die Sie mit Teicherde (oder einer Erdmischung, siehe Seite 121) gefüllt und nach der Bepflanzung mit Kies abgedeckt haben.

2 Stellen Sie die Kübel an passenden Stellen – etwa im Hintergrund – in den Teich, sodass sie gänzlich von Wasser bedeckt sind.

3 Alternativ können Sie im Randbereich oder Hintergrund des Gartenteichs auch eine Mulde wie einen zusätzlichen Gartenteich anlegen und darin Schilf oder Rohrkolben pflanzen; die Teichfolie wirkt dann wie eine Ausbreitungsbarriere. Diese Röhrichtpflanzen bilden auch einen schönen Sichtschutz.

4 Schneiden Sie Schilf oder Rohrkolben auf keinen Fall im Herbst zurück! Dazwischen überwintern zahlreiche Tiere und die trockenen, aus dem Wasser ragenden Halme versorgen das Wasser mit Sauerstoff, selbst wenn es gefroren ist. Binden Sie stattdessen die Schilf- und Rohrkolbenhalme im Herbst locker zusammen, damit sie nicht umfallen.

5 Wenn das Schilf im Frühling neu auszutreiben beginnt, schneiden Sie die vertrockneten alten Halme unten an der Pflanze, direkt über dem Boden, ab. Achten Sie darauf, dass Sie keine frischen, jungen Triebe abschneiden. Tragen Sie dazu am besten Arbeitshandschuhe.

6 Entfernen Sie dabei auch alle Triebe, die über den Kübel hinausgewachsen sind.

7 Hat sich Schild oder Rohrkolben zu sehr ausgebreitet, so stechen Sie Teile des Wurzelballens vorsichtig ab – die Teichfolie darf nicht beschädigt werden.

MEIN TIPP

Wenn Sie auf Erde als Teichsubstrat verzichten und nur Regenwasser verwenden, dürfte sich im Sommer das Wachstum von Fadenalgen in Grenzen halten. Ansonsten fischen Sie die Algen ab und geben Sie sie auf den Kompost.

Material

- Röhrichtpflanzen wie Schilf *(Phragmites australis)*, Breitblättriger Rohrkolben *(Typha latifolia)*

Projekt: Blühender Teichrand mit Insektenpflanzen

Auch im feucht-nassen Boden rund um den Gartenteich gedeihen verschiedene heimische Stauden wie der Blut-Weiderich, die von Zitronenfaltern und anderen Schmetterlingen sowie jeder Menge Insekten besucht werden. Zwischen den hohen Blumen patrouillieren Libellen und jagen Insekten.

1 Mischen Sie ungedüngte Gartenerde mit Lehm und Sand im Verhältnis 1:1:1. Wenn Sie keinen Lehm bekommen, können Sie auch Natur-Katzenstreu (100 Prozent Bentonit) verwenden.

2 Füllen Sie diese Erdmischung oder Teicherde in die Pflanztaschen oder -körbe, setzen Sie die Pflanzen für seichtes Wasser darin ein und decken Sie die Substratoberfläche mit Kies ab. Stellen Sie die Pflanztaschen oder -körbe an einen passenden Platz im flachen Wasser, an der Sie diese mit großen Steinen fixieren.

3 Alternativ können Sie auch Böschungsmatten mit Pflanztaschen verwenden. Schneiden Sie die Matten passgenau mit der Schere zu und decken Sie damit den Untergrund im flachen Wasser ab. Nun können Sie die Pflanztaschen bepflanzen, mit Kies abdecken und evtl. mit großen Steinen beschweren.

4 Am Teichrand, außerhalb der Teichfolie, pflanzen Sie die Uferpflanzen wie auf Seite 53 beschrieben in das Erdreich ein.

MEIN TIPP

Der bis zu 1,5 m hohe Wasserdost mit den rosafarbenen, süß duftenden Blütenschirmen von Juli bis September ist ein Schmetterlingsmagnet! Über 40 verschiedene Falterarten, Hummeln, Bienen und Schwebfliegen landen auf den Blüten und bieten Ihnen tolle Naturerlebnisse!

Material

- Pflanztaschen oder Pflanzkörbe
- Erde, Lehm, Sand oder Teicherde
- große Steine, Kies
- 2–3 Pflanzen für seichtes Wasser pro m²: Schwanenblume, Froschlöffel
- weitere geeignete Pflanzen für seichtes Wasser: Sumpf-Schwertlilie, Fieberklee, Pfeilkraut)
- Uferpflanzen: Blut-Weiderich, Gemeiner Gilbweiderich
- weitere geeignete Uferpflanzen: Echtes Mädesüß, Wasserdost, Echter Baldrian, Wasser-Minze, Sumpfdotterblume

Projekt: Seerose

Ein naturbelassener Holzbretterzaun erfüllt viele Zwecke: Er grenzt das Grundstück rundherum ab, ist aber durchlässig genug für Vögel, Igel und Co. und liefert zudem Hornissen geeignetes Baumaterial für ihr Papiernest. Sie können einen gekauften Rollzaun aufstellen oder den Staketenzaun selbst machen.

1 Wählen Sie ein passendes, geschlossenes Pflanzgefäß für die Seerose; eine mittelgroße Seerose benötigt ein Pflanzgefäß mit einem Volumen von mindestens 10 Litern, besser 20 und mehr Litern.

2 Bohren Sie zwei Löcher in das Pflanzgefäß. Daran befestigen Sie die verzinkte Kette und an dieser die Angelschnur.

3 Mischen Sie ungedüngte Gartenerde mit Lehm und Sand im Verhältnis 1:1:1. Wenn Sie keinen Lehm bekommen, können Sie auch Natur-Katzenstreu (100 Prozent Bentonit) verwenden.

4 Füllen Sie nun das Pflanzgefäß zur Hälfte mit der Erdmischung oder mit Teicherde und lassen Sie dieses Substrat im Wasser gut aufschlämmen. Gegebenenfalls können Sie auch einen Langzeit-Seerosendünger nach den Angaben auf der Packung zugeben. Füllen Sie dann weitere Erdmischung in das Pflanzgefäß ein, in das Sie im Wasser (z. B. im Uferbereich des Teichs) vorsichtig die Seerose einsetzen. Füllen Sie mit Substrat auf und decken Sie es mit 2–3 cm Kies ab.

5 Dann legen Sie noch ein paar große Steine auf das Substrat und lassen das Gefäß mit der Seerose an der vorgesehenen Stelle auf den Teichgrund hinab. Die Kette sinkt auf den Boden, die Angelschnur kürzen Sie auf die passende Länge ein und sichern sie am Ufer. Mithilfe von Angelschnur und Kette können Sie die Seerose bei Bedarf aus dem Teich herausholen. Heimische Seerosen sind im ausreichend tiefen Teich winterfest, alle anderen müssen Sie über den Winter in einem frostfreien, kühlen Raum überwintern, etwa in einem mit Wasser gefüllten Mörtelkübel.

5 Verzichten Sie auf Goldfische und Kois! Diese verzehren Amphibieneier, Molchlarven, Kaulquappen, Wasserinsekten und deren Larven und verhindern das Ansiedeln heimischer Tiere.

MEIN TIPP

Ein Drittel der Teichpflanzen sollten verschiedene heimische Unterwasserpflanzen wie Raues Hornblatt *(Ceratophyllum demersum)*, Ähriges Tausendblatt *(Myriophyllum spicatum)* oder andere Arten sein. Zwischen diesen verstecken sich gern Molche, Frösche, Kröten und verschiedene Wasserinsekten(-larven). Auch heimische Kleinfische, die im Gefieder von Enten eingetragen werden, fühlen sich dort wohl.

Material

- 10- bis 30-Liter-Eimer oder Mörtelkübel (aus dem Baumarkt)
- 1 m verzinkte Kette
- 10 m Angelschnur
- Erde, Lehm, Sand oder Teicherde

große Steine, Kies

Pflanzen für die Freiwasserzone (ab 30 cm Wassertiefe):

- Wasser-Hahnenfuß (*Ranunculus aquatilis*)
- Weiße Seerose *(Nymphaea alba)*
- Gelbe Teichrose *(Nuphar lutea)*
- Wählen Sie heimische Arten, die winterfest sind.
- für kleine Teiche geeignet: Froschbiss *(Hydrocharis morsus-ranae)*

Projekt: Miniteich

Eine ausgediente Badewanne wird dort zum kleinen Mini-Wassergarten, wo es keinen Platz für einen »richtigen« Teich gibt. Wegen der steilen, glatten Ränder ist hier eine Ausstiegshilfe für ins Wasser gefallene Tiere besonders wichtig – ein Brett genügt.

Eine Badewanne fasst 200–300 Liter Wasser – zu klein für Fische, aber gut geeignet für verschiedene heimische Wasserpflanzen. Sogar eine Zwerg-Seerose hätte darin Platz. Wenn dann der Wasserstand im Sommer sinkt, verwandelt sich der Wasserknöterich, eigentlich eine Schwimmblattpflanze, in eine bis zu 60 cm hohe Landform mit aufrecht wachsenden Blättern und hübschen rosaroten Blütenähren.

1 Wählen Sie einen Standort, der höchstens 6 Stunden am Tag von der Sonne beschienen ist und in der Mittagshitze im Schatten liegt. Günstig sind nach Osten oder Westen ausgerichtete Plätze.

2 Wenn Ihnen das Weiß der Badewanne nicht gefällt, können Sie sie mit geeigneten Farben anmalen. Den glatten Rand können Sie mit einer Steinmatte bedecken, die glatten Badewannenseiten auch mit Böschungsvlies.

3 Graben Sie ein Loch, das etwas größer und tiefer als die Badewanne ist. Stellen Sie die Badewanne in das ausgehobene Loch. Sollte sie uneben stehen, gleichen Sie das Bodenniveau mit Sand aus.

4 Nun können Sie eine 5 cm dicke Schicht aus Aquariumkies einfüllen, dann fluten Sie die Badewanne mit Regenwasser.

5 Bepflanzung: Füllen Sie den Eimer mit Teicherde, die Sie mit Wasser gut aufschlämmen. Pflanzen Sie danach die Wasserpflanzen in das Substrat und decken Sie es mit 2–3 cm Kies ab. Stellen Sie die bepflanzten Eimer auf den Boden der Badewanne, evtl. mit ein paar großen Steinen beschweren.

6 Zur Wasserreinigung können Sie ein paar Wasserschnecken einsetzen.

Füllen Sie regelmäßig Wasser nach, am besten Regenwasser aus der Dachrinne. Im Herbst nehmen Sie die Pflanzgefäße heraus und stellen Sie zum Überwintern an einen frostfreien Platz, etwa in einen mit Wasser gefüllten Mörtelkübel.

MEIN TIPP

Damit die Badewanne gerade steht, gehen Sie so vor: Legen Sie auf den Boden zwei Bretter, die Sie mit der Wasserwaage eben ausrichten. Dazu füllen Sie so lange Sand ein, bis die Bretter eben liegen. Auf diese Bretter stellen Sie die Badewanne.

Material

- Badewanne
- 10-Liter-Eimer
- Teicherde oder Erdmischung (siehe Seite 121)
- Sand, Kies
- Wasserschnecken für Gartenteich/Aquarium
- Pflanzen: Wasserknöterich, Krebsschere

Noch mehr geeignete Pflanzen für die Flachwasserzone (5–30 cm):

- Fieberklee, Gemeiner Froschlöffel, Hechtkraut, Ästiger Igelkolben, Pfeilkraut, Schwanenblume, Sumpf-Schwertlilie, Tannenwedel
- oder Kräuter: Brunnenkresse, Wasser-Minze

1
2
3
4
5
6
7
8
10

Pflanzen für den Wassergarten

① Bachbungen-Ehrenpreis *(Veronica beccabunga)*

In lockeren Gruppen wächst der kleine blaublütige Bachbungen-Ehrenpreis am Ufer und zwischen Schilfbeständen, ebenso wie der ähnliche Blaue Wasser-Ehrenpreis. Unermüdlich öffnen sich den ganzen Sommer über stets neue Blüten.

② Fieberklee *(Menyanthes trifoliata)*

Von Mai bis Juli scheinen die weißen Blütentrauben über den kleeartigen Blättern zu schweben – eine Zierde für den Gartenteich.

③ Europäischer Froschbiss *(Hydrocharis morsus-ranae)*

Zwischen den rundlichen Schwimmblättern erheben sich von Juni bis August die 1–1,5 cm großen weißen Blüten. Sie werden von verschiedenen Insekten bestäubt, Frösche sitzen gern auf den Blättern und unter Wasser halten sich jede Menge Kleinkrebse und andere Wassertiere im dichten Pflanzengewirr auf. Auch für kleine Teiche geeignet.

④ Raues Hornblatt *(Ceratophyllum demersum)*

Die kleinen, in dichten Quirlen angeordneten Blättchen sind mit starren, gezähnten Zipfeln besetzt. Diese Unterwasserpflanze bildet geschützte Lebensräume für kleine Wassertiere und Brut.

⑤ Krebsschere *(Stratiotes aloides)*

Namensgebend sind die scharf gezähnten, steifen Blätter, die unterhalb der etwa 4 cm großen weißen Blüten an die Scheren von Krebsen erinnern. Krebsscheren bilden rasch dichte Gruppen, die im Lauf der Jahre immer größer werden – bei Bedarf ausdünnen. Im Herbst sinken die Pflanzen auf den Teichgrund, wo sie überwintern.

⑥ Weiße Seerose *(Nymphaea alba)*

Über den großen derben Schwimmblättern erheben sich die bis zu 12 cm großen weißen Blüten, die nur tagsüber geöffnet sind. Nachts ruhen darin Bienen, Fliegen und viele andere Insekten. Die Blatt- und Blütenstiele erreichen Längen von bis zu 3 m zum Wurzelstock, der am Teichgrund wurzelt. Diese heimische Seerose ist absolut winterfest!

⑦ Sumpfdotterblume *(Caltha palustris)*

Schon im März öffnen sich die bis zu 4 cm großen gelben Blüten der Sumpfdotterblume, einer wichtigen Bienen- und Fliegenweide, im zeitigen Jahr. Die kleinen Früchte bilden Schüsseln, aus denen Regentropfen die reifen Samen ins Wasser schleudern; sie treiben zu neuen Uferstandorten, an denen sie keimen. Giftig.

⑧ Sumpf-Schwertlilie *(Iris pseudacorus)*

Bis zu 1,5 m hoch wird die attraktive Sumpf-Schwertlilie. Die dunklen Zeichnungen auf den Blütenblättern weisen Bienen, Hummeln, Schwebfliegen und anderen Insekten den Weg zum Nektar. Sie bildet im Lauf der Jahre kleine, dichte Bestände. Giftig.

⑨ Sumpf-Wasserstern *(Callitriche palustris)* (ohne Foto)

Die bis zu 2 cm langen Blättchen bilden sternförmige Rosetten. In den Blattachseln erscheinen von April bis Oktober die winzigen Blütchen. Diese treibenden Wasserpflanzen bieten kleinen Wassertieren und ihrem Nachwuchs einen geschützten Lebensraum.

⑩ Blut-Weiderich *(Lythrum salicaria)*

Die auffallend pink- bis lilafarbenen Blütenkerzen locken von Juni bis September viele Schmetterlinge und Bienen an, von den Blättern ernähren sich die Raupen des Kleinen Nachtpfauenauges. Der Blut-Weiderich sollte an keinem Gartenteich fehlen, bevorzugen Sie die heimische Art vor den zahlreichen Zuchtsorten. Achten Sie mal auf die drei verschiedenen Blütentypen, die schon Darwin untersucht hat.

Bildnachweis

500cx – fotolia.com: 72
Africa Studio – shutterstock.com: 30ml
Alexander Erdbeer – shutterstock.com: 105
Alonbou – fotolia.com: 86ul
ANATOLY KOVTUN – shutterstock.com: 88or
Angel DiBilio – shutterstock.com: 111m
Angela Rohde – shutterstock.com: 30a
Annett Seidler – fotolia.com: 104
armanita – shutterstock.com: 111r
arolina66 – fotolia.com: 11r, 66om
Audrius Merfeldas – shutterstock.com: 66ul
Axel Gutjahr – fotolia.com: 66ml
BaLL LunLa – shutterstock.com: 1
Barantza – fotolia.com: 88ul
Baumjohann: 36, 94u
Bernie – fotolia.com: 22
Berty – fotolia.com: 88mr
Bflh – fotolia.com: 30um
Bildagentur Zoonar GmbH – shutterstock.com: 30ul, 64or, 66ur
Bilderhexchen – fotolia.com: 64mr
BMJ – shutterstock.com: 14
Bryan Pollard – shutterstock.com: 106ul
butterfly-photos.org – fotolia.com: 106ml
Captiva55 – shutterstock.com: 120
Carmen Rieb – shutterstock.com: 15r
Cartela – shutterstock.com: 66ol
chris2766 – fotolia.com: 11l
Christian BEUDEZ – fotolia.com: 71m
Christian Pedant – fotolia.com: 66um
Claudia Paulussen – shutterstock.com: 7m
CreativeNature R.Zwerver – shutterstock.com: 23, 111l
D. Kucharski K. Kucharska – shutterstock.com: 95
Darren Baker – shutterstock.com: 5l, 68/69
Dieter Pregizer – fotolia.com: 60or
Dogberry © coulanges – fotolia.com: 86or
Elena Rostunova – shutterstock.com: 30om
Erni – shutterstock.com: 86ur
Etfoto – fotolia.com: 64ur
Eva Schinschke – fotolia.com: 64ol
Fauna Press/Melli Freudenberg: 58
Flora Press/Andrew Lawson; Design: Piet Oudolf – Hummelo: 44
Flora Press/BIOSPHOTO/Hervé Lenain: 42
Flora Press/BIOSPHOTO/Jean-Michel Groult: 56
Flora Press/Botanical Images: 86mr, 88ur
Flora Press/Christine Ann Föll: 60ur
Flora Press/Edition Phoenix: 2/3
Flora Press/FocusOnGarden/Becker: 118
Flora Press/gartenfoto.at: 24ur, 26, 27, 50, 52
Flora Press/GWI: 88ol, 106ul
Flora Press/Helga Noack: 76
Flora Press/Jane Sebire: 116
Flora Press/Liz Eddison: 96
Flora Press/MAP: 4l, 8/9, 20, 38, 48
Flora Press/Mark Bolton: 102
Flora Press/Martin Hughes-Jones: 100
Flora Press/Neil Sutherland: 110
Flora Press/Royal Horticultural Society: 6
focus finder – fotolia.com: 62
Fotolyse – fotolia.com: 60ol
GAP Photos/Carole Drake: 96l
GAP Photos/Howard Rice - St Barnabas Road, Cambridge: S. 96r
GBA/Engelhardt: 86om
Gucio_55 – shutterstock.com: 7r
H. Brauer – fotolia.com: 54l
HABRDA – shutterstock.com: 7l
Hecker: 78o, 92, 112, 114, 122, 124ol, 124or
hsagencia – shutterstock.com: 30mm
Ingo Bartussek – fotolia.com: 78u
Ingwio –fotolia.com: 13m
instantArt – fotolia.com: 86ol
Jacqui Martin – shutterstock.com: 64ul
Jamrooferpix – fotolia.com: 106um
Jeanie333 – shutterstock.com: 106ur
Jnerad – fotolia.com: 106ol
Joachim Neumann – fotolia.com: 101
JoannaTkaczuk – shutterstock.com: 99
Jürgen Fälchle – fotolia.com: 13l
Karin Jähne – fotolia.com: 85
Laitr Keiows – shutterstock.com: 64ml
lcrms –shutterstock.com: 35r
M. Schuppich – fotolia.com: 30mr, 40, 64um, 106om
Marina Lohrbach – fotolia.com: 6oul
MarkMirror – shutterstock.com: 66or, 66mr
Martin Pateman – fotolia.com: 71r
Martina Berg – fotolia.com: 34, 35m, 106or
Martina Roth – shutterstock.com: 88mm
mauritius images / imageBROKER / Kurt Möbus: 79
Mauritius images/ Alamy: 103
mauritius images/ Garden World Images: 86ml
Mauritius images/ imageBROKER/ Hans Lang: 93l
Mauritius images/ imageBROKER/ Ottfried Schreiter: 93m
mauritius images/ Nora Frei: 80
Messer: 16, 18
miket – fotolia.com: 11m
MilousSK – shutterstock.com: 15m
Oftring: 74
Omika – fotolia.com: 93r
Ortodox – shutterstock.com: 88um
Otto Durst – fotolia.com: 124ur
OutdoorPhoto – fotolia.com: 35l
PhilK – fotolia.com: 46
Printenfisch – fotolia.com: 64om
puriso – shutterstock.com: 124mr
Reinhard: 94o
Sborisov – fotolia.com: 54r
schaef71 – shutterstock.com: 86mm
Schmutzler-Schaub – fotolia.com: 106mm
Sebgsh – fotolia.com: 71l
shustrik95 – fotolia.com: 66mm
Siegi – shutterstock.com: 88ml
snowturtle – shutterstock.com: 86mr
sonne_fleckl – fotolia.com: 10
Strauß: 124om, 124ml, 124mm, 124ul, 124um
Svetlana Tikhonova – shutterstock.com: 30ur
Tanakonda – fotolia.com: 82
Tasha2030 – shutterstock.com: 64mm
Timmermann: 4r, 5r, 32/33, 108/109
tsach – fotolia.com: 12
Valentsova – shutterstock.com: 5m, 90/91
Vitaly Ilyasov – shutterstock.com: 30or, 88om
VRD – fotolia.com: 24ol, 24or, 25ul
Wideworld – fotolia.com: 84
world of inspiration – shutterstock.com: 15l
www.todus.at: 28
www.wikimedia.com: 13r
YK – fotolia.com: 70

Über die Autorin

Bärbel Oftring ist Diplom-Biologin. Sie arbeitet als Autorin, Lektorin und Redakteurin. Zudem realisiert sie naturpädagogische Projekte und bringt die heimische Natur auf vielfältige Weise in Schulen, Bibliotheken und Kindergruppen. In ihren zahlreichen Sachbüchern vermittelt sie sehr anschaulich Erstaunliches, Interessantes, Wissens- und Erlebenswertes über Tiere und Pflanzen, Natur, Garten und Umwelt an Kinder und Erwachsene. Ihre Bücher wurden bereits in mehrere Sprachen übersetzt und schon mehrfach ausgezeichnet. Bärbel Oftring lebt mit Familie und Hund zwischen Wald und Streuobstwiesen bei Böblingen.

Impressum

Bibliografische Information der Deutschen Nationalbibliothek
Die Deutsche Nationalbibliothek verzeichnet diese Publikation in der Deutschen Nationalbibliografie; detaillierte bibliografische Daten sind im Internet über http://dnb.d-nb.de abrufbar.

BLV Buchverlag
GmbH & Co. KG

80636 München

Umschlagkonzeption: BLV Verlag München
Umschlagfotos: Gettyimages/Les Stocker (vorne), YK – fotolia.com (hinten links), Timmermann (hinten Mitte), Flora Press/Edition Phoenix (hinten rechts)

Lektorat: Rita Meixner
Herstellung: Hermann Maxant
Layoutkonzept und Layout: Anton Walter, Gundelfingen

Gedruckt auf chlorfrei gebleichtem Papier

Printed in Italy

ISBN 978-3-8354 1494 5

Hinweis
Das vorliegende Buch wurde sorgfältig erarbeitet. Dennoch erfolgen alle Angaben ohne Gewähr. Weder Autorin noch Verlag können für eventuelle Nachteile oder Schäden, die aus den im Buch vorgestellten Informationen resultieren, eine Haftung übernehmen.

www.facebook.com/blv.verlag